人を活かすマネジメント

戦略・戦術を考える前に

著者・高坂　亮伍
監修・稲垣　太一

三恵社

はじめに

先日、ふらりと書店に入り、辺りを見回してみると『戦略』『戦術』『フレームワーク』など、企業を効率的に動かしてさまううえで重要なキーワードが一気に目に入ってきました。

現在では、これらに関するとても多くの書籍が日々発行されています。皆さんも少なからずこれらの書籍を手にされたことがあるのではないでしょうか。読んではみたものの「実際にはどのようにしてやったら良いのかわからない」「本によって真逆のことが書いてあってどうしたらいいのかわからない」「やってみたけれど、うまくいかない」など、様々な経験をされていることだと思います。

本書は、戦略、戦術などの方法論を解説した読み物ではありません。それらを考える際にどのようにすれば成功するのか、成功させるために企業は常日頃から社内に対して「どのような考え方を持ち、何に注意をしながらマネジメントをしていく必要があるのか」といった下地の部分にフォーカスしています。

自社のこの下地がどのようにでき上がっているのか、それをどう活用するのかによって『戦略・戦術』はとるべき方法が大きく異なってくるのです。そのため、仮に本に載っていた事例と外部環境が全く同じであったとしても、そのまま自社に利用した場合には結果が大きく異なることになるのです。

さて、本書は、第1章では、企業のトップを対象とした心構えを述べています。精神論的な要素が非常に多いため、歴史などの事例を交えながら解説をしています。また、各項の最後に考えのカギとなる言葉を加えております。

第2章以降では、具体的な内容を交えながら解説していますので、皆さんの現実を想定しながらお読みいただけるものとなっています。

最終章につきましては、少し角度を変えて概念的な要素を中心とした解説を行いまとめておりますので、頭を整理しながらお読みいただくことができます。

具体的な事例を入れた方がご理解いただきやすい部分には『コラム』として、私や身の回りの方々が、実際に経験したことを元に、脚色を加えて載せています。

読み進むうちに「ご自身が分かっていること」「言われてみればそうだな」「何となく感じていたけれど、そういうことだったのか」「分かっているけれどやれないんだ」と思うことなど様々な感情が湧いてくると思います。しかし、こういったことは仮に実際にはできなくとも、常日頃から意識して心にとめておかなければ活きた企業を育成していくことは難しいのです。

皆様が、日々の生活の中で進むべき道に悩んだ時、本書が一つの道標としてお役に立てれば幸いです。

目次

第3章　現場のマネジメントはどうしたら良い？

第4章　組織について考えてみる

第5章　人事と人材の関係について

第１章　企業トップに求められるもの

１．トップに求められる心構え

「殿、一大事です！　愛馬が見当たりません。係が目を離した隙に逃走したようです。ただいま全力で探しています」

今からはるか昔の中国の春秋戦国時代、秦の繆公が寵愛していた名馬が逃げ出してしまいました。その後、部下たちが捜索したところ

「殿、お馬を発見いたしましたが、この者たちが、既に焼いて食べてしまっておりました。殿の愛馬を殺して食べるなど不届き千万、処刑いたしましょうか」

愛馬は、事態を知らない野人たちに捕らえられて食べられていました。

話を聞いた繆公は、こう答えました。

「まあよい、君子は家畜のために人を殺してはいかん。あれほどの名馬の肉を食べたのならば、それに合う美酒を飲まないと、体に毒だ」

そして、野人たちを罰するどころか、酒を振る舞ってもてなしたのです。

やがて時が経ったある年、秦に飢饉が発生しました。そして、それに乗じて隣国の晋が攻めてきました。攻め込まれた繆公軍は劣勢に立ち、やがて繆公は晋軍に包囲されてしまい窮地に陥ります。

その時、突如、繆公の前にどこからともなく予期していなかった援軍が現れました。彼らは、自らの命を顧みず決死の斬り込みで繆公を救い出すことに成功し、繆公はむしろ逆に敵の王を捕らえることに成功します。

そう、彼らこそ、かつて、繆公が酒を振る舞った、あの野人たちだったのです。

もう一つ、話を重ねたいと思います。

同じく春秋戦国時代のある日、楚では荘王主催の宴会が開かれていました。酒宴が盛り上がりを見せ、荘王が無礼講を宣言したその時、突如として強風が吹き込み、明かりを灯していたテーブルのロウソクの炎が消え、辺りは真っ暗になってしまいました。

すると

「きゃっ」

と、女性の小さな悲鳴が聞こえました。声の主は、荘王の妾です。

「殿、暗闇の中で私に戯れを行った不届き者がおります、その者の冠の紐を引きちぎりましたので、直ぐに明かりを灯してその者を捕らえてください」

と妾は荘王に迫ります。

しかし、荘王は
「皆の者、先程申した通り今宵は無礼講、構わぬ。明かりがつかぬ間に紐を引きちぎれ」

と、指示しました。その後、出席者は紐を引きちぎり、宴は最後まで楽しく過ごすことができました。

「もとはといえば、自分がこの宴を開いたために起こってしまったこと、女の操のために士を辱めてはならない」

これが荘王の思いでした。

数年後、楚は強国の晋と戦うこととなりました。その戦いの最中、常に楚軍の先頭に立ち、死を恐れずに果敢に応戦して敵将の首をいくつも捕る、見知らぬ戦士が現れました。そしてなんと、その戦士のおかげで楚は強国の晋を打ち破ることができました。

荘王はその戦士に問いかけました。

「私の不徳のためにあなたのような戦士がいることに今まで気が付いていなかった。それなのに、どうしてそれほどまでに命を懸けて戦ってくれたのか」

戦士は平伏して、こう答えました。

「私は、既に一度死んだ身です。恥ずかしながら、あの酒宴の席で無礼をはたらいたのはこの私です。

あの時、王のお情けにより命を救われ、いつの日か必ずこの命を懸けてご恩に報いたいと願い生きてまいりました。そう、あの夜、冠の紐を切られたのは、この私なのです」

皆さん、如何でしょうか。この二つの話、有名な内容ですのでご存知の方もいらっしゃると思います。人は『心』で動きます。もちろん、戦略や秩序はとても重要な企業の根幹です。しかし、その戦略を活かすも殺すも人の心次第です。気持ち次第で同じ部下でも結果が変わるのです。

企業のトップにとって、先ず、最初に必要なもの。それは高度な理屈、組織の構築ではなく、日々の「徳」の積み重ねです。徳なきトップの下で働く部下は不幸です。そして、徳はいずれトップ自身を救うことになるのです。

あなたの人徳の器はどの様な形をしているのでしょうか？

その器の大きさを、深さを増していく努力をどのように行っていますか？

『人は心で動く』

2．トップとなった際に最初に取り組むこと

トップになると、責任のみならず、社内外の様々な案件が膨大にのしかかり、何からやったらよいか分からなくなる瞬間があります。しかし、先ずやらなければならないこと、それは、これからの自社の企業理念、経営ビジョンや夢など自社の進むべき方向を決めて従業員に伝えることです。

うっかりすると、トップは「従業員は日々目先の業務をこなしていれば良い」と考えてしまいがちです。しかし、従業員は「自社は何のために存在しているのか」「どこに向かって進んでいるのか」「そのために何をしようとしているのか」ということを常に気にしています。

これらは、現場で日々発生する数多くの選択の指標となります。自社の進むべき方向性が分かっていれば、小さな選択であってもその方向に向かうことに適した選択をします。新しいことにチャレンジしようとした時には、進むべき方向に向かったチャレンジを考えます。また、このままでは自社の進むべき方向からずれてしまうと思った時は、何とか修正しようと考えます。

思い出してみてください。ご自身の高校、大学の受験の際、夢を持って目標の学校を決め、それに向かって合格のための戦略を立て、それに基づいて実行し、修正の必要があれば修正を加えて、困難があっても試験までだと思って歯を食いしばりながら頑張り通しましたよね。ただただ、漫然とその日に学校で習ったことを復習して頑張っていたから、目標の学校に受かったわけではないと思います。

個人でも、企業でも同じことです。自社の進むべき方向を従業員に示すことによって、トップと従業員の夢や進むべき方向が共有されます。それによって、従業員が日々の行う努力は、やみくもな努力ではなく、進むべき方向に向かっての適切な努力に変わっていくのです。

この方向性は自社に対する従業員のよりどころです。決して安易に変えてはいけません。

これらを従業員に伝える際には、人事や総務の担当者などの他人が考えた文章ではなく、ご自身で、伝える内容を考え、ご自身の口調で、ご自身の足で現場に立って伝えていくことが重要です。

そして、従業員に一度伝えたからといって、既に伝わっていると考えるのは早尚です。何度も何度もことあるごとにしつこく繰り返し伝えていかなければ浸透していきません。

その内容は、夢のあるものをできるだけ簡単に、頭にすっと入ってくるようなものにするよう心がけてください。覚えられない、理解できない内容では浸透していきません。

たとえ現在、業績が厳しくつらい状況に置かれていても、従業員には夢や希望がある将来を伝えること。その実現が直ぐには難しくても、必ずその先には光があることを伝え続けてください。

『人は希望や目標あれば頑張れる。たとえ苦しい時でも終わりがあると思えれば最後までやり切れる』

コラム①　トップごとのスピーチの違い

私が、かつてサラリーマンをしていた頃、年に一～二度、テレビモニターを通じて社長からの訓示がありました。

私はある年、その社長が就任後、初めての年頭の挨拶をしている様子をテレビモニター越しに見ていると、直ぐにあることに気が付きました。それは、話をしている社長の視線が、明らかに社長の前にあるカメラよりも後ろに向かっていることがありありと分かったのです。

社長の視線は完全にカメラの後ろにある台本の文章を追っていました。当時、この中継を見た従業員の心中はどのような状況だったのでしょう。

「誰かが作った文章を自分のものとして消化することもなく、ただ読んでいるだけなのだろうな」「どうせ、話していることも本気でやる気はないのだろうな～」こんな感じだったのかもしれません。少なくとも私はそうでした。もしかすると、そんなことを考えることさえ面倒で「早く終わらないかな～」と思っていた人も、結構いたのかもしれません。

これでは、たとえ社長や経営幹部が必死に戦略を考えたとしても、現場が信じていない、いや、何も感じていないため、会社の方針や戦略がしっかりと実行されることは期待できません。

こんなこともありました。別の新社長が自社の方針説明会のため、日本全国の各部署、営業所を訪問し、説明行脚を行った際のことです。

社長が全国の説明を終え本社へ戻ると、本社のある部署のメンバーに全国の多くの部署でこういう意見が出たと話しました。

「当社は今後、どういう方向に向かって進んでいくのか」

彼は続けて、

「やはり、そういったものがないと求心力を保てないな」

と語っていました。

当時、私も「会社のビジョンが分からない、本当はどこに向かいたいのか分からない」と思っていましたので、この言葉を聞いて「本当はそれを決めて伝えるのが社長の重要な役割なのではないのか。それが、社長の中ではっきりしていない状況で、今日のこの方針説明会は、一体どの程度の本気度で練られているのだろう、きっとこれは、来期には変わってしまう可能性もあるな。進めて大丈夫なのだろうか」と疑心暗鬼になったことをよく覚えています。

また、別の社長の時の話ですが、社長の年頭の挨拶の会に私が本社の会議室に出席していた時のことです（この時はモニター越しの映像ではなく生の本人を前にして）。

大勢の社員を前に、社長が会釈をした後「あっ、忘れた」と言い始めました。出席者一同は、一体何を忘れたのか社長の様子を注目していると、どうやら、これから始まる挨拶の原稿を部屋に忘れてきてしまったようでした。すると、傍にいた総務部門の担当者が急いで原稿を取りに行こうとしましたが、社長はそれを制止し、マイクに向かって話し始めました。

「今日は、話す予定にしていた内容の原稿を忘れてきてしまいましたので、このまま、今思っていることを話すことにします」

こう言って「現在の業界の情勢や自社の置かれている状況」「今後自社がどのような波に飲み込まれていきそうなのか」「自社に迫っているリスクと対応策の可能性」など、自身が考えていることを話し始めました。

この時、私は社長の話に聞き入り「これは、この社長が本当に感じていることを話している。それに話が面白い。よく分かった。今日は来て良かった」と強く感じたことを、今でもよく覚えていますし、この時の話の内容自体も未だに忘れられません。

この経験は私に「トップに立つ人が人の前に立って話をする時は、短くてもよいから『他人が作成した文章ではなく』『自分の考えを』『原稿を見ずに』『視線を聴衆に向けて』話をするべきだ」

と、はっきりと認識させた出来事でした。

同じ立場の人が同じ時間を使っても、最初の話と最後の話のように、従業員の受け止め方はこれだけ違ってくるのです。

3．組織の秩序を保つために

リーダーには、組織の秩序を保つために、細心の注意を払って必ずやらなければならないことがあります。

中国の春秋戦国時代、魏の武侯は、名将の呉起の勧めによって、戦の後に開かれる酒宴の席次を功績によって分けたといいます。『功績の大きかった者』『功績のそこそこな者』『目立った功績のなかった者』と席次ごとに座らせて、料理の内容や品数を明らかに変えていました。また、戦死した者の家族へのケアもそれにより行っていました。

誰にでもわかるように、功績によって褒賞に差を出すというこの手法は、魏兵に大きなインパクトを与えました。

後に、秦と戦うことになった際に、魏の兵士は大きな手柄を立てるために我先にと勇猛果敢に戦い、秦に勝利したのです。

一方、三国時代。蜀の軍師 諸葛亮孔明は、強国である魏との重要な一戦に際し、親友の兄弟であり非常に優秀な腹心の部下であった馬謖を、先兵隊長に任命しました。

この際に孔明は馬謖に街道を押さえるように指示を出しました。しかし、馬謖は孔明の指示を守らずに、兵法書のセオリー通りに山頂に布陣します。

その結果、蜀軍は魏の軍勢に水路を絶たれ孤立してしまい、重要な作戦は大敗退を喫してしまいます。

孔明は、この責任を取って自らを降格し、馬謖に対しては、人材が不足の蜀の中にあって非常に貴重な優秀な人材であったにもかかわらず、周りの反対を押し切って、軍規違反として泣く泣く処刑しました。

有名な『泣いて馬謖を切る』という故事の逸話です。


これらの話は、成果を挙げた人にはその功績に応じて必ず賞し、損害を与えた人は必ず罰するという組織の原則、信賞必罰の代表的な事例です。

リーダーは、信賞必罰を徹底することによって部下のやる気を引き出し、組織の秩序を保つことが求められます。

あまり功績もないのに安易に褒賞を与えたり、昇格をさせると、必死になって頑張る者やリスクを冒して新しいことをする者がいなくなってしまいます。

また、失敗を繰り返しているにもかかわらず、何も処罰をすることなく、功績のある人と同じ待遇を与えているとどうでしょうか。

組織には、何も考えずにただ平和に一日を過ごそうとする人が蔓延るようになります。

賞する場合、罰する場合には「本当にその人が挙げた成果なのか、失敗なのか」について、しっかりとした調査を行う必要があります。本人の上司、部下などその業務に携わった担当者からヒアリングを行い正しい評価を行わないと、大きな判断ミスを起こす可能性があります。よくよく調べてみると、本当の功績者は他の人であったり、失敗の責任者が他の人であったり、功績があるのに功績が見えないようにされていたりするケースが出てくることがあります。これに気が付かずに功績者を放置または罰して、むしろ邪魔をしていた者や失敗した者を賞してしまうと組織としての求心力が保てなくなります。

ありえなそうな話に聞こえますが、成功、失敗については「案件の成功が見えてくると『自分は関係者』だという人が急に増えていく」「案件が失敗に終わりそうになると、急に『自分は関係ない』と、いつの間にか関係者が減っていく」「成功しそうな案件の責任者を良く思っていない上司などが『こんなことは誰にでもできるから実績じゃない』などと功績を功績として見せないようにする」など、様々な思惑が働きますので、実は大いに起こり得ることなのです。

『信賞必罰が組織の原則である』

4．トップが見せるべき人の上に立つ者としての姿勢

以前、元イトーヨーカドー取締役の塙昭彦さんがテレビ番組で、中国出店の時の話をされていました。

イトーヨーカドーは、中国へ進出した企業の中では最も成功した企業ともいわれています。中国出店には様々な苦労があったようですが、その中で現地従業員とのやり取りの一つとして、次のようなエピソードを話されていました。

「中国店舗のオープン当時、テナントの現地店員が、自分の鼻をかんだティシュを店内の通路に捨てていた。カーッとなったが、店員を叱ることなく、その落ちているティッシュを一つずつ拾ってポケットに入れて持ち帰り捨てる。また、通路に行って落ちていたら拾うことを『絶対に怒らない』と心に決めて繰り返した。すると、10日程で自然と通路からティシュが無くなった。あの時、怒っていたらこうはならなかっただろう」

「部下に背中を見せ態度で示す」と、番組ではまとめられていました。

これは、なかなかできないことですが、こういった姿勢が部下をまとめ、戦略が思惑通りに進む素地となっていくことは間違いありません。部下はトップの発言だけではなく、その姿勢を見てトップの資質を評価しているのです。

以前、私はある企業の社長とお会いするために先方の本社に伺った際に、たまたま、入り口の自動ドアの手前から、ガラス越しにその企業の社長を見かけました。ちょうど、エレベーターを降りてきたところで、社長がエレベーターの開ボタンを押して若い従業員を先に降ろしているようでした。社長はその後、フロアーで清掃をされている年配の女性に対して丁寧に挨拶をされていました。私はこれらの姿を見て、非常にこの企業に信頼感を持ちました。

そう、トップの姿勢は、社内の部下のみならず、社外の人も評価しています。

あなたは、従業員はもちろん、清掃業者や受付の方にも日々しっかりと挨拶をされていますか？

『部下はトップの姿勢を評価する』

5．現場に足を運ぶトップが戦略を成功に導く

「知は、現場にある」

以前、私が書店で光文社の新書を購入した際、本に挟み込まれていた『しおり』にこのフレーズが書かれていました。

「大企業」「中小企業の社長が代替わりした」

こんな企業で起こりやすいのが、現場を知らないトップの存在です。

「会社が大きいから業務も多くていちいち現場には行っていられない」「現場のことがよく分からない

から恥ずかしくて行けない」など理由はあるのだとは思いますが、トップは現場に足しげく通う必要があります。これは、当たり前のことのようですが、できていない企業は多いのです。

現場で現実に触れずに計画を立てて戦略を練っても、真実が見えていなければ、例えどんなに優秀な戦略であっても、どんなに美しい計画であっても、現実からかけ離れた机上の空論でしかありません。

現場で働いている人が見ている真実とかけ離れた戦略は、うまく進まない可能性が高く、企業を衰退させる方向に導いていくかもしれません。

現場でトップ自身が見た現実を元に、自身の経験をフル活用して戦略を練り、計画を立て、経営判断をする。そうすれば、現実とかけ離れた『あるべき』理論や、二次データを中心とした推測だらけの不毛な議論から解放されるはずです。

トップが現場を頻繁に訪れる。よく現場にいることを従業員が違和感なく感じられる。そして、自社の商品、サービスと競合を熟知すること。これがトップが適切な判断を迅速に行う上で、本来必要不可欠なことなのです。現場で現実を見ながら、従業員とコミュニケーションをする。そうすれば、世の中の移り変わりに敏感に反応できるだけでなく、止むを得ない朝改暮令の戦略の変更も、従業員から受け入れられることでしょう。

くどいようですが、トップこそ現場を知り、紙上に兵を談ずることを避ける。これこそが成功する戦略を策定する秘訣なのです。

一つ歴史上のエピソードを紹介します。

中国の春秋戦国時代、趙の将軍に趙奢という将軍がいました。自国が不利な状況にもかかわらず大国の秦と戦い、大勝を挙げるなど『名将』と言われていました。

この趙奢には趙括という息子がいて、幼いころから兵法をよく学び、その能力は秀でていました。成長すると、よく父の趙奢と兵法論を戦わせるようになりましたが、度々、父を論破するようになっていきました。

趙括は、名将の父を言い負かしたことで自分は兵法の第一人者だと自負していましたが、父の趙奢は決して息子の能力を認めようとはしませんでした。

ある日、趙奢の妻が

「なぜ息子を認めないのですか」

と理由を尋ねたところ、趙奢は

「戦とは元々、命を懸けて戦うものなのに、趙括は、それを軽々しく論じている。あいつの兵法は口先だけのものだ、人を動かすことの重みが分かっていない。任用されなければよいが、もし将軍に用いられるようなことがあれば必ず趙軍は破滅する。もし将軍に任用されるようなことになった際には、お前はその任用を取り消すよう趙王にお願いしなさい」

と伝えました。

趙奢の死後、趙は再び大国の秦と戦うこととなりました。

この時、趙王が将軍に任用したのは、父の趙奢と同様に『名将』と言われた廉頗でした。しかし、彼は既に高齢となっていました。

廉頗の秦軍に対する戦略は『籠城戦』でした。

彼の意図は
「敵は遠征軍であるため長期戦になればいずれ疲弊し、自陣に有利に傾く」

というものでした。そして、敵を疲弊させ焦らせるために城に閉じこもり、どんなに挑発されても決して城から出撃することはありませんでした。

その結果、秦軍はかれこれ2年が過ぎても城を落とすことができず、次第に焦りが出始めました。そこで、秦軍は何とか現状を打開するためにある策を練ります。

それは、強敵の廉頗を将軍職から降ろし、趙括が将軍に任用されるように画策することでした。

秦は趙国内に間者を送り
「秦が恐れているのは、兵法の天才の趙括が将軍になることだ」

と噂を流します。秦は

「趙括は、今はまだ兵法の天才とは名ばかりで現場感覚を持っていない。きっと兵法書通りの戦い方をするはずだ、それならば敵の戦い方がこちらには手に取るようにわかるため、倒すことは容易である」と考えたのです。

趙王は、廉頗が高齢であることを気にしていたこともあり、この噂を真に受けて

「廉頗は老いたため動かずにじっとしているだけなのだ」

と考えるようになっていきます。そして、ついに趙括を将軍に任命します。

この話を聞いた趙の大臣の藺相如は危機感を募らせ、趙王に進言します。

「趙括はまだ実戦経験がなく、戦場での応用が利きません。将軍に任命するには適任とは言えません。直ちに解任すべきです」

しかし、趙王は

「藺相如は廉頗と仲が良いため（刎頸の友の語源の二人）廉頗を解任させたくないために言っているのだ」と判断し、その進言を受け入れませんでした。

すると、今度は趙括の母が、夫から言われていた通り趙王に面会を申し出て語り始めました。

「私は、趙奢の妻として『将たる者の心構えはどうあるべきか』という経験があります。私の夫は将軍となっても驕ることなく、自ら招待してお酒やごちそうをすすめて労った部下は数十人、友として親交を持った方々は数百人に及びました。そして、王やそのご一門の方々から頂いた物はすべて部下に分け与え

ていました。また、ひとたび出陣の命令を受けた際にはその日から家のことはかえりみず、戦のことだけを考えておりました。しかし、息子の趙括は将軍の任を拝命してから、ただただ威張っているだけだと伺っています。そして、大王から頂いた金品は、部下に分け与えることなどもなく、すべて自分の懐にしまい、土地や家屋を買いあさっています。このようなありさまで、どうして父の後を継いで将軍となることができるのでしょうか。どうか、趙括を将軍の職から解任してくださいますようお願いいたします」

しかし、趙王はこれも聞き入れず結局、廉頗と交代することになりました。

廉頗と交代した趙括は、秦軍側の予想通り、それまでの布陣や指揮系をすべて兵法書通りに変更しました。この時、包囲している秦軍6万に対して籠城している趙軍は40万と趙軍の方が圧倒的な人数でした。指揮官が廉頗から趙括に変わったことをキャッチした秦軍はしきりに趙軍を挑発し、城から撃って出させようとします。

廉頗は戦いの経験が豊富で長期戦を考えていたため、どんなに挑発されても城から出ることはありませんでした。しかし、まだ若く経験の少ない趙括は、秦軍の挑発に怒りを爆発させ乗ってしまいます。

趙括は自軍の圧倒的な人数を背景に、城からほとんどの兵を動員して総攻撃を仕掛けます。

しかし、趙括の攻撃方法を予想していた秦軍は、兵を分割させて待機し、趙括を挟み撃ちにして崩していきました。また、同時に少数の兵しか残していなかった城も占拠されてしまいました。

趙括は退路を断たれた後も数十日間抵抗しましたが、やがて戦死してしまいました。そして、残された趙兵数十万人も大人数であったため、秦軍側の食料の問題から捕虜にもなれずにことごとく生き埋めにされ殺されてしまいました。

これを機に、趙は滅亡への道を歩んでしまったのです。

この史実は『紙上に兵を談ず』ということわざの語源になった出来事です。

趙括は実践経験のなさゆえに現場のことが分からず、理論だけで戦い敗れてしまいました。

現代ではどうでしょう。現代でも、企業のトップが現場に行かずに現実を見ず、机上の前提条件で、あれこれ戦略を練っていては同じことが起こりかねません。先述の通り、トップは現場に向かい、真実の情報の下で経営判断を行わなければならないのです。

思えば、趙括や先述の馬謖は共にまだ兵法家ではなく、兵法学者だったのでしょう。企業も、トップに必要なのは経営者であり、経営学者ではありません。とにかく、その目で現場を見て戦略を立てることが何よりも重要なのです。

『常に現場を見る！　企業に必要なトップは経営者であり経営学者ではない！』

コラム② トップが現場を見ることなく現場の情報を活用した時

私が、かつてサラリーマンをしていた頃のある日、社内のある部門の長（取締役）が交代しました。

この部門は現場との距離は比較的近い距離にありましたが、それまでの部門長は現場に来て情報を取ろうとはしませんでした。

新任の部門長も、直接現場に来て話をすることはほとんどありませんでしたが、ある時「部門の従業員全員に、現在の部門の状況について話を聞きたい」と通知をしました。そして後日、従業員を数人のグループ単位に分け、グループごとに面談を行っていきました。

全員との面談が終了し、しばらくすると突然、様々な通達や部門内の組織の変更などが行われました。しかし、その変更は現場に即しているものではなかったため、現場では動揺が起こりましたが、皆なぜこのような通達や変更が起こったのかは直ぐに理解していました。

そう、あの面談です。面談で「現場の生の情報を得た」と考えた部門長は、改善策を打ち始めたのです。

その中の一つの例は、面談で一部の若手の従業員たちが発した一つの問題でした。

「私たちの所属しているグループは、一つのプロジェクトに何人かの現場リーダーがいて、それぞれが勝手に動いているため、お互いに意思の疎通ができていない。現場が混乱していて大変です」

これが、そのグループの若手の意見でした。

確かに、このグループに限らず、この部門の現場に当たる部署では、リーダーに関わる問題を抱えていました。

この部門のルールでは、リーダーは課長職が担当することとなっていました。しかし、業務が高度化してきており、その工程も複雑なものに変化してきていた上に、以前であれば総務部門の担当者がまとめて行っていた様な細かい業務なども、慣れない（今後も慣れない）課長職に渡されるなど、課長職の業務が過多となってきていて、とても負いきれなくなっていました。

そこで現場の部署では、一時的な対策として「係長職の従業員の中で、能力が課長職と同等に近く、直近の昇格試験で課長職に推薦する予定の人材」を条件に、係長職の従業員に権限を委譲し現場リーダーを任せることにしました。

その運用のまま数年が経ちましたが、多くの係長リーダーは係長のままでした。なぜならばその部署への昇格試験の推薦人数の割り当てが少なかったことや（会社全体としてはそれなりには割り当てはあった）、現場リーダーとはなっていないが年齢的に課長職に推薦しなければいけない人の課長職への推薦を織り交ぜながらの昇格への推薦状況であったため、実際には係長リーダーが課長職へ推薦されることは少なかったのです。

もはや、現場リーダーは「直近の昇格試験で課長職に推薦する予定」という当初の前提条件も成立しない状況になってきていました（権限と責任のバランスが崩れた状況が続いていた）。また、課長職者があまり増えていないということは、今までの課長職者の負荷をより増加させていきました。

日に日にプロジェクトが増え、人員が増えていくと、次第に係長職が現場リーダーを担うのが当たり前の状況となっていき、その前提で業務フローが作られていきました。ここまでくると、もう課長職者が現場リーダーを行うのは以前にも増して難しくなっていきました。

先程の若手が部門長に意見を述べたグループは、当時プロジェクトが思うように進んでいないグループでした。担当部長はこれ以上の遅れを防止するために、このグループに人員を大量に投入しました。それに伴い、現場リーダーの追加が必要になりました。通常は、リーダーは人員5～10人程度に1人を割り当てていましたが（10人以上のグループもあった）、テコ入れのため、3～4人に1人の割合で現場リーダーを割り当てました。

この際に、現場リーダー人材が枯渇していたため、新たに現場リーダーとなる要員に、この年に係長職に昇格したばかりの従業員を割り当てたのです。こうして、このグループでは係長に昇格したばかりの現場リーダーが大半を占めるようになりました。

通常、一つのプロジェクトに複数の現場リーダーが存在する時は、その中の誰かが現場リーダーのまとめ役の形を取ります（もう、課長職を超えているのではないかと思うが）。このプロジュクトも、以前から現場リーダーを担当していた従業員が、その役割を担っていました。

このプロジェクトの新任リーダーは新任係長でもあり、本来の係長職以上のスキルを出だしから求められるのですから、自分のテリトリーのことで精一杯で、お互い他の職場リーダーとの連携までは上手くできません。

プロジェクトの運用なども職場リーダーごとに異なる見解を示して進めてしまい、一貫性を持たせることができません。本来はまとめ役のリーダーがここを上手く一つにすることができればよかったのですが・・・、残念ながら上手くいきませんでした。

その結果、グループのメンバーは不満が蓄積し、他のプロジェクトグループにも当然のようにこの状況が伝わってきていました。この時、他のプロジェクトグループでは、比較的にグループは機能しており、同様の問題は抱えていませんでした。

この状況下で、先程の部門長と従業員の面談が行われたのです。

部門長は若手従業員からの話を聞くと、若干の調査を実施しました。そして、現場のリーダーを実質的に行っているのが本来決められている課長職者ではなく、係長職者であることをキャッチします。そして「課長職ではなく係長職が現場リーダーをやっているから纏まらないのだ。課長職者は一体、普段は何をやっているのだ」と考え、部長に指示を出しました。

「今後は、本来のルール通り、課長職者が現場リーダーを行うように。係長職者が担当することは禁止する」

指示が出されても、担当の部長は指示を受けてくるだけで、部門長に異を唱えませんでした。「課長職の業務量の問題」「昇格試験推薦枠が少なく、課長職を増やせない問題」など、意見を戦わせないため、部門長の意識の中では「課長職は怠慢」と映ったままでした。

部長より連絡を受けた課長たちは、部長に無理である旨を答えました。そこで、部長が考えたのが現場リーダーは表向きは課長職として任命し、今まで現場リーダーが行っていた業務は、新たな別の呼称を非公式に部内で作り、今まで現場リーダーを担っていた係長職者を指名して、実質は何も変わらない運用を開始したのです（もちろん、今回の引き金となったグループの職場リーダー数名の交代はしました）。これであれば、部門長に対しては、指示通り対応したように映ります。

しかし、新たな非公式の呼称の業務を請け負う係長職者は、公式にはその役割を行っていないことになってしまいます。元々不満があったはずですので、この追い打ちには呆れてしまいました。

社長が頻繁に現場に行かなければ、現実は見えてこない。しかし、それを補おうとして、たまに現場の従業員を呼んで話を聞いても、やはり本当の現実は見えてこないのです。

この部門長は、以前の部門長とは異なり、何とか現場の情報を入手して、現場の意見を取り入れた部門運用をしようと、努力はしている人でした。

しかし、ごくたまにしか現場の意見を聞かなかったことに加え、気づいた事柄に対して「問題を表面的にしか見ていなかった」「一部のグループの問題をすべてのグループの問題だと思った」ということが発生しました。なぜ「そのような配置が起こったのか」「他のグループでも同様なのか」と深堀をせずに回答を出してしまったのです。

そのため、本当の問題点は、昇格や人員構成の問題であったにもかかわらず「ルール通り人を管理できるレベルの人が、職場リーダーをやっていないからこのような問題が起こるのだ」と判断を誤ってしまいました。恐らく、頻繁に現場に来ていれば、このような判断ミスは起こらなかったと思います。

部長とのコミュニケーションもそれほどうまく取れていなかったのでしょう。部門長は、今回の事案の本当の問題点を部長から聞き出して解決しようとしていませんし、部長も部門長に意見をして改善しようとしていません。

今回の結果としては、直接意見として出たグループの職場リーダーは変更となりましたが、本当の問題点が議論されることはなく、逆に深く潜ってしまいました。残念なことに、以前よりも悪い結果になってしまったのです。

組織の長は、現場の情報を聞きかじるのではなく、頻繁に行って現実を見る努力をしなければ、判断を大きく見誤ってしまう可能性を秘めているのです。

６．人材の育成に力を注ぐということ

私が企業の社長とお会いする際や他の大企業社長の嘆きとしてよく耳にするのが「部下や従業員が経営者の立場に立って考えていない」という言葉です。

次期後継者として、育成中の人材に対しての言葉であるのであれば良いのですが、一般の管理職や一般の従業員に対しての要求であるのであれば、残念ながら、難しいことです。

人が働く理由は様々です。経営者になろうとして働いている人は極めて少数です。

自分が思い描いている通りになかなか部下が動いてくれず、このような考えを持ってしまうことは大変理解できます。

しかし、経営者は従業員に経営者視点を要求するのではなく、自身が立てた戦略を従業員がどのようにしたら実行できるのか、企業の最終的な目的を達成するためにはどのように伝えたら良いのか、どのようにしたら危機感が伝わるのかを考えることが必要です。

もし、願い通りに自身の部下が、経営者視点を持って発言や行動を起こしたとき、トップは、ちゃんとその意見を聞いて動くことができるでしょうか。絶対的なオーナー経営者以外では恐らく、多くの経営者は自身がポストを失うことを恐れ、その人材を遠ざけることも考えてしまうのではないでしょうか。

歴史上においても、トップが自身の保身のために、優秀な人材を左遷したり、処刑したケースは数え切れません。

恐らく、トップが本当に求めているのは自身が立てた戦略を同じような気持ちになって実施してくれる人材や、自身が様々なことを決定しやすいように、情報をお膳立てしてくれる人材なのだと思います。

確かに、このような人材が輩出されてそれをトップがうまく使いこなすことができ、更にこの人材が従業員からの評判も良いということであればラッキーなことです。

しかし、往々にしてこういった人材は、経営者視点に立って会社のことを考えているのではなく、あなたに気に入られようとしてこのように動いているだけである可能性も高いことに注意しておかなければなりません。

歴史上には、石田三成のように無私で動く人材もいなくはありませんが、こういった人材が世にいる可能性はかなり低いです。ですから、歴史上のトップリーダーは部下たちとどのように接したら、あるいは、どのような人材を集めたら自身の組織が目的を達成することができるかということに腐心しているのです。

トップがすべきことは、現存する従業員を愛して育て、それぞれの良いところを伸ばし、悪いところには目をつむって自身の戦略を実現することです。

そして、部下の話をよく傾聴することです。中には自身にとっては耳の痛い話もあるかもしれません。そのような諫言をしてくれるような部下の意見にはよくよく耳を傾けてください。本来、そんなことを話してもトップから嫌われる可能性が高いだけでメリットがないにもかかわらずそこまで話してくるのは、本当に会社のこと、トップのことを考えて意見している可能性が高いのです。

これらに心を配ることで、自然と会社のことを考える人材やトップをサポートしたいと考える人材が集まるようになるのです。

ダイキン工業の井上礼之会長は、従業員教育に熱心な方だと聞きます。

「人を大化けさせる」という考え方の経営について以前、テレビ番組でこんな話をされていました。

「人を育てる、活用するということは管理では育たない。人の可能性を心から信じられるか、その実例があるかどうかである。

個人と会社は選択の関係であると思う。自分はこういう能力を持っている。こういう仕事がしたいと考えている従業員に対して、会社の企業理念はこういうことです。とお互いに行ってそこで選択し合う。それで合致した人が入社してくる。そういう人には私はやはり帰属意識を求めたいと思う。

しかし、帰属意識は男女の恋愛論と一緒で強制できない。そうすると、この職場で働き続けたいという職場環境をいかに作っていくかが経営者の重要な役割だ、

そして、選んでくれた従業員一人一人に、できるだけ対応するようにすることを心がけたら、人は大化けする。また、従業員に、恋人ができたなど悩みができた場合には、能力のある人でも全然仕事が進まない時がある。

その時にどれだけ待ってやれるか、こういうものが一人一人に対する対応であり、そういうものにこだわっている」

新入社員研修などにも会長、役員が自ら率先して参加し

「従業員一人一人に寄り添った教育を実施する。それがリーダー自身の勉強にもなる。自分が新入社員の時とどう変わったのかと自分を見つめる。その時にどうしても新入社員たちに自分の経験から言ってあげたいことがある。こういう真剣なやりとりがある」

更に、こう続けています。

「私は、だんだん地位（役職）が上がるにつれて、こちらの発言よりも下の人の発言を多くしてこちらの言うことは少なくなってきた。稲穂が実れば実るほどトップは頭を下げる謙虚さが必要だというのと同じように、上にいくほど聞く側に回ったほうがコミュニケーションはうまくいくのではないか」

古来、名君と言われたトップは人材の発掘や育成に力を入れ、部下の意見には耳を傾ける人が多くを占めています。

そして、何より自身の戦略や行いに対して指摘をうけても、その人を遠ざけるのではなく、むしろ重用し、甘んじて受け入れて政治や行政に活かしているのです。

『良薬は口に苦くして病に利あり、忠言は耳に逆らいて行いに利あり』

― 孔子家語 ―

7．トップが守らなくてはいけないもの

トップは、部下の意見に耳を傾けることが重要であることは述べました。

もう一つ、忘れてはいけないのは、決定権についてです。部下に権限と責任を委譲したような案件は別ですが、経営戦略に関わる重要な事項の最終決定権は、自身で保有し、決して手放すことが無いようにしなければなりません。また、部下の意見に流されてはいけません。

トップがこの権限を部下に渡してしまうと、権限は部下にあるが、責任はトップにあるという歪んだ状態となってしまいます。

責任無き権限は非常に危険な道具です。無責任な判断の温床になりうるのです。

また、いずれ従業員はトップの方針ではなく、決定権を握っている人の方針に従うようになっていくのです。こうなってしまうと組織の秩序を維持することに黄色信号が灯り始めます。

また、全責任を負うトップが権限を握っているからこそ、多くの人が反対するようなイノベーティブなプランを決断することができるのです。

戦国時代末期、黒田官兵衛の息子の黒田長政は藩主として月に何度か、藩士であれば身分も関係なく誰でも参加して意見を言い合える『異見会』という会議を開いていました。

これは藩政について誰もが自由闊達に意見を言える会で、君主からのトップダウンが当たり前であった時代に、実に画期的な会議として藩内で評判は良かったようです。

ある日、この会で新参の若者が述べた意見に対して、藩主の長政は「その意見に従う」と話し、若者の意見に従う姿勢を見せました。

ところが、当日出席していた父親の官兵衛はこの件に関して表情を険しくして聞いていました。

後に、官兵衛は長政にこの時のことを「藩政のすべての責任は藩主にあるのに、長政は自身で決定するのではなく、若者の意見に従う形をとってしまった」と、諫めています。

官兵衛も決定権を部下に渡してしまう危険性を感じていたのです。

『トップは、経営戦略に関わる重要な決定権は手放してはならない』

【第1章まとめ】

企業トップに求められるもの

1. 部下に徳をもって接する
2. 企業理念・経営ビジョンや夢、進むべき方向を従業員に伝える
3. 実績を正確に把握し、社内に対し信賞必罰で臨む
4. 部下に正しい姿勢を見せる
5. 現場に足を運び、現実を直視する
6. 人材の育成に力を入れ、部下の話に耳を傾ける
7. 重要な決定権を部下に渡してはいけない

第2章　戦略策定時に押さえておきたいこと

1．戦略策定の前に忘れてはいけないこと

戦略策定は、企業の命運を分ける大きな計画です。基本的には過去の経験や、感覚、根性論で策定するものではありません。しかし、残念ながら、現在でも根性論を振りかざし決定している企業は後を絶ちません。

本来は、どのようなことを実現するために、どのようなことを、どのようなプロセスで実施するのかをロジックに基づいて考えていく必要があります。

しかし、このロジックには陥り易い、ある大きな問題点があります。これは特にエリート従業員、高学歴従業員が戦略策定メンバーを占めている際に起こりやすい罠で「現実的ではない高度な戦略」ができ上がるというものです。

戦略はどんなに素晴らしい物でも、実行するのは人です。そして、組織間を跨ぎながら実施されていくことが非常に多いものです。

罠に陥らないための注意点の一つ目は「複雑にしてはいけない」ことです。複雑な内容は関係する従業

員全員の意思統一が図りにくく、全体の賛同が得られなかったり、メンバーの理解不足によってどこかでおかしな方向に進みがちになります。

また、全体をコントロールする負荷も莫大なものになりますので、いつしか目的と手段が混沌として行き、戦略の全体像が分からなくなっていきます。

そして二つ目は、戦略策定時に、その戦略を実施する上で、従業員の気持ちがどのように動くのかがロジックの中に組み込まれているかどうかを確認することです。戦略策定の際に顧客や株主、社会などのことはよく考えられているのですが、従業員の心の動きが組み入れられていないケースが散見されます。その考えの根底の中には、戦略策定担当者の「会社としてこう決めたのだから、従業員はその通りに完璧に動くべきだ」という『べき』論を入れた条件で考えてしまうということがあります。

従業員も人間です。戦略の中に、多くの従業員が受け入れ難い、あるいは、やり難い内容が含まれていると、どうしても思うようにことが進まず、計画が頓挫してしまいます。

戦略を考える際には見落としがちなこの二点への配慮が必要なのです。どうしたら、従業員が計画通り動いてくれるのか、どのようにすればその戦略は成功するのかを計算に入れておく必要があるのです。

これらが考慮されていれば、一見常識的には愚策だと思われる戦略でさえ成功する可能性があるのです。

歴史上の有名なエピソードを紹介します。

中国の秦朝末期の時代、漢の将軍韓信は、3万人弱の軍勢で20万人の軍勢を誇る趙の城を攻めることになりました。

韓信は、敵城を前に川を背にして布陣しました。兵法の常識としては山を背にして、川を前にして布陣するのが知将の戦い方であったため、敵将の陳余は

「川を背にして布陣するとは敵将は兵法をよく知らない相手だ。倒すのに1日とかからないだろう」

と判断し、ほぼ全軍で一気に城から打って出ました。

さすがに兵の数が違いますので、韓信軍はたちまち劣勢に立たされ自陣まで退却していきますが、それを見た陳余軍は勢いに乗じて一気に韓信軍をたたくべく追撃しました。

韓信軍は川を背にしているため、もう逃げ場がなくなり必死に戦うしかありません。

一方、陳余軍は圧倒的優位にもかかわらず、死に物狂いで戦ってくる韓信軍に手こずり、なかなか韓信を捕らえられません。一度、軍の立て直しを図ろうと城へ引き返そうと兵を切り返したその先に陳余軍が目にしたのは、城の中に大量の韓信軍の旗が立っている姿でした。なんと、既に城は韓信軍に乗っ取られていました。

なんと陳余軍は帰る場所を失ってしまいました。こうなると部隊は混乱し、兵は戦うことよりも逃げることに必死になり、もはや指示も何も伝わらない状況になってしまいました。

状況は一転、今度は逆に韓信軍が追撃し、更に、城からは別動隊であった、もう一つの韓信軍が打って

出ました。これで陳余軍は挟み撃ちにされてしまい、圧倒的優位であったはずの陳余軍は壊滅してしまいました。そして、無残にも趙は敗れてしまったのです。

実は、趙の目の前にいた韓信軍は全軍ではありませんでした。

韓信は軍のうち二千人を別動隊として組織し、大量の漢の旗を持たせて城の死角に隠していたのです。

そして、本隊は川の前に布陣して兵法を知らない愚将を装い、相手を油断させることで、敵の全軍が一気に打って出るように仕向けました。

更に、本隊は退却しながら戦い、相手が城から離れるように仕掛けていました。そして、相手の軍勢が城から距離が開いた頃合いを見計らって、別動隊がほぼ空になっている敵城を乗っ取り、持っていた大量の旗を立てることで、大群が乗っ取っているように見せかけました。

本陣は川を背にしているため兵は逃げることができず、皆が生き残るためにいつもの数倍の能力を発揮して必死に戦うため、兵の数的不利も数に比例しない状況に持って行ったのです。

この例は、兵士にとっては苦しい戦いではありますが、戦略としては「ロジックに基づいて」計算されていて、かつ「比較的シンプル」で、更に「戦う兵士からどのようにしたら数的不利を補えるほどの能力を引き出すことができるのか」という心理状況を計算に入れて立てられている理想的なものです。

このように、戦略は ①ロジックに基づき ②シンプルに ③実行する人の心理を計算にいれることを忘れずに策定することが必要となるのです。

２．閉塞的な時代の戦略の方向性

戦略を策定するにあたっては、先ずは自社と自社を取り巻く環境を見直す分析が必要になります。

自社の企業理念、ビジョンという軸に基づき、自社の『強み』あるいは『弱み』は、どういうことなのかを考えるところから始まります。軸を持たずにやみくもに『強み・弱み・将来性』などを考えると「強みと考えたものが本当は弱みであった」「弱みだと思っていたことが逆に強みであった」などということも起こりかねません。

企業理念、ビジョンなど、企業が進むべき方向性という軸に対して、戦略の材料を考える方法を取らなければ、何に対する強み、弱みなのかが見えてこず、感覚的に「自社はこんなところが強い気がする」というあてにならない材料となってしまいます。このことは、戦略を策定していくに際して、必ず押さえておくべき事項です。

次に、自社の置かれている環境を把握した後にテーマとなるのは、機会、脅威に対してどのような対応を取るべきなのかということです。

ここで、大きな分かれ道となることが、自社の「強みを活かす」のか「弱みを克服する」のかという選択です。皆さんはどちらを選択すべきであるとお考えでしょうか。

私の答えは「強みを活かす」です。

現在のような閉塞的な時代では、自社の強みをより強化するような戦略の方向性、そして、その強みにフォーカスして戦うための戦略を立ててゆくことが極めて重要です。

どうしても「自社の弱い部分の補強をして安定した会社を目指したい」あるいは「他社が手掛けて成功した事業へ追従することによって安全に売上を確保したい」と考えてしまう気持ちはわかります。

しかし、自社の強みにフォーカスして資源を集中的に投入して他社が真似できないレベルまで引き上げること。そして、会社の方向性を社外にも明確にし、独自の商品、サービスを開発することで、他社の追随を許さない売り上げの確保や高い利益率を達成することができるのです。

弱みの補強には時間、投資金額、精神的苦痛が大きくのしかかってきます。それに比べて強みの強化をする際には、得意領域であるために、これらの負担は軽くなり、従業員のモチベーションも上がりやすくなります。そのため、弱みの補強よりも早期に結果を出すことができます。

また、弱みの補強は、仮にできたとしても、世間から見た企業の評価は『普通』でしかありません。しかし、強みは強化した結果、他社と比べた際にも目立った特長が出てきますので、世の中から見た目も「〇〇の〇社」などと、その領域でのステータスが確保されていきます。

我々は、どうしても学校教育を受けていた時の感覚を引きずってしまうのですが、世の中は受験勉強とは異なり、一科目が１００点満点ではないのです。学校の試験の場合、どんなに得意科目があっても一科目は１００点以上の点数を取ることはできません。

図１　受験勉強と社会での制約の違い

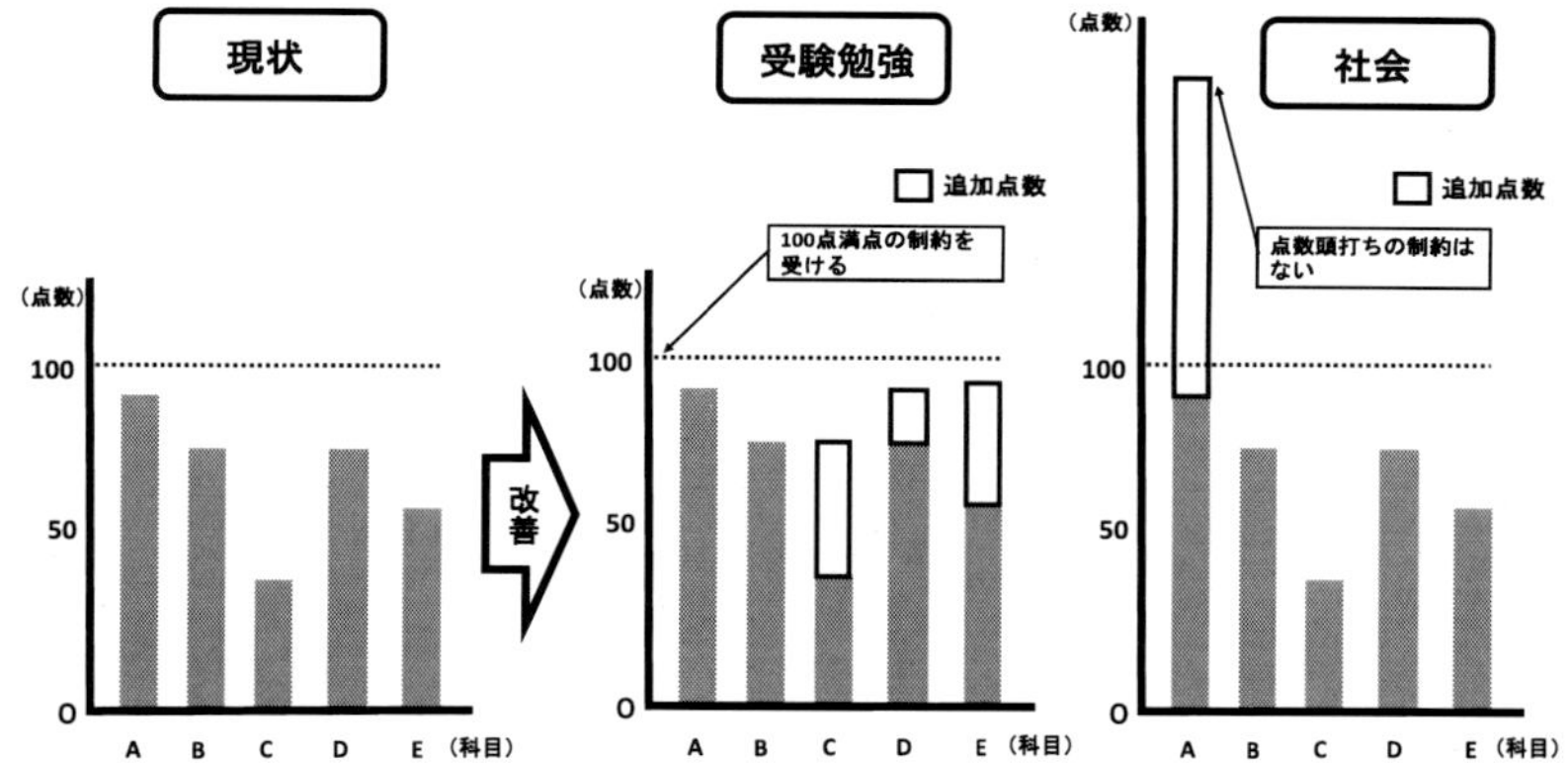

得意科目は最初から85、90点など高得点であるため、全体の点数を引き上げるためののりしろはどうしても少なくなります。そうなると、止むを得ず不得意科目の40点を70点、80点に上げていくしか改善策がありません。そのため、30点、40点を上げていくためにはつらい努力をしなければなりませんでした。

しかし、世の中には１００点という上限がありません。得意科目を比較的楽な労力で１５０点、２００点と上げていくことで総合点を上げることができるのです。これを見逃してはいけません。世の中の仕組みは学校教育とは違うのです。弱みの補強は努力の割に全体が成長し難いのです。

ましてや、他社が手掛けて成功した事業への安易な追従は、自社の強みとマッチングしていない場合、次のような問題を引き起こす可能性もあります。

①　自社の資源の分散
②　組織構造の複雑化による利益率の低下
③　従業員のモチベーションの低下による顧客対応品質の低下

簡単に利益を確保しようと参入したつもりが、これらのように自社の将来にとって逆にマイナスに働いてしまう可能性もあることを忘れてはいけません。

また、既に「先行他社に市場を押さえられてしまった」「ブランドを形成されてしまった」など、参入してもほとんど売り上げが上げられない場合もあり、最悪の場合は、自社が資源を投入すればするほど逆に先行他社の宣伝になってしまうことがあるなど、苦戦することも多いのです。

他社追随の失敗としてはこのような事例があります。

１９６０年代のアメリカで、ＬＣＣのサウスウエスト航空が産声を上げ、コストパフォーマンスの良さを武器に快進撃を始めていました。当然、既存の航空会社も手をこまねいていたわけではありません。様々な対抗処置をとり対策していました。

そんな中、コンチネンタル航空（現在はユナイテッド航空と統合）は、コンチネンタルライトという競合会社を設立しました。サウスウエスト航空と同様に、サービスの簡素化や航空機の使用時間の効率化などで低価格サービスを提供しますが、これまでの自社のスタイルとは大きく異なる慣れない手法であるため適切なサービスを提供することができませんでした。むしろ逆に顧客からのクレームが増加し、経営も悪化してしまったのです。

他の航空会社も様々な対抗策を打っていきますが、その都度むしろサウスウエスト航空の評判が上がっていく事態になってしまいました。

日本でも、ある業界で他社追随による代表的な失敗例を記憶されている方も多いのではないでしょうか。そう「アサヒスーパードライ」をオリジナルとした『ドライ戦争』です。当初、アサヒビールがこのビールを発売した際には競合他社はしばらく静観していました。しかし、あまりの売れ行きに、翌年には各社ドライ系商品を発売しました。しかし、その時には既にアサヒが『ドライ』ブランドを確立しつつあり「ドライ＝アサヒ」という認知をする人も多くなっていました。

それに加え、競合各社ともにアサヒビールと似たようなデザインの商品を発売したこともあり、むしろ「アサヒスーパードライ」の認知度が上がってしまうこととなってしまいました。

その結果、各社『ドライ』から撤退することとなっていったのです。

しかしその後、競合各社は自社独自の努力によって、それぞれの企業を代表するようなオリジナルブランドビールを開発していったことは、皆さんの記憶に新しいことと思います。

企業は他社の安易な模倣は避け、弱みの補強よりも強みの更なる強化を図ることで、自社のブランド力を上げていくことが第一の選択肢といえるでしょう。

3．戦略に対する覚悟を持つということ

こんな童話をご存知でしょうか。

半日しかあたらない、えらく寒い村。そのため人々からは半日村と呼ばれている村があった。村のうしろには高い山があって、お昼ごろまでお日さまが顔を出せない。おまけに、夕方になると村の前にあるみずうみからさむいさむい風が、びゅウびゅウと吹いてくる。だから、お米もよその村の半分しかとれなかった。

それで、半日村の人びとは、みんなやせてあおゥい顔をして、元気がなかった。

半日村に一平っていうこどもがいた。ある晩とうちゃんとかあちゃんが話し合っているのを聞いていた。

「あァあ、おらたちの村は、なんという村かのう。あの山さえなかったらのう」

「だめさ、山は山さ。うごかせやしねぇ。わるい村に生まれたと思って、あきらめるよりしかたがねぇ

さ」

一平は、つぎの朝、ふくろをかついで、山にのぼった。

そして、山のてっぺんの土をふくろにつめて　おりてくる。おりて来るとそいつをまえのみずうみにざっとあけた。

一平はこの作業を何度もくりかえした。

近所のこどもたちは一平がへんなことをしているので、どうしたどうした、なにしてるかと聞いてみた。

「うん、おらは、あの山を、みずうみにうめちまおうと、思ってるんだ」

と、一平がこたえると、こどもたちは、一平のやろう、ばっかじゃなかろか、気が違ったんだじゃなかろうかと大わらいした。

しかし、毎日、毎日、一平が休まずそうするもんだから、こどもたちもなんだかおもしろそうな気がしてひとり、ふたり、まねするやつが出てきた。　三人四人、まねするやつも出てきた。

そうなると、なかまはずれになりたくないから村じゅうのこどもたちが、一れつになって、ふくろをかついで山にのぼりはじめた。

これをみて、おとなたちは、はじめはわらっていた。

けれどそのうち、

「ばっかだな。ふくろなんかじゃはかがいかねぇ。そういうときは、もっこをつかうもんだ。おれのうちからもって行け」

なんていい出すおとなが出てきて、ほり方やかつぎ方を教えてくれるおとなも出てきた。

山は、ちっとも、ひくくならなかったけれど、ひとりふたりが手伝い出すと、三人四人。そして五人六人。やらないと、なんだか、つきあいが、わるいような気がして、しごとの合い間に村じゅうのおとなたちがもっこをかついで山にのぼりはじめた。

こうして、何日も何日も、おとなとこどものれつが山をのぼったり、おりたりしているうちに、なんだか日のあたるのが　はやくなったような気がしてきた。

さあ、そうなると、みんな元気になって　歌をうたいながら、せっせ、せっせと山をのぼったりおりたりした。

こうして、何年も何年もたった。

おとなたちは、死んじまったし、一平やこどもたちは、おとなになっちまった。それでも仕事の合間もっこをかついで山にのぼった。一平のこどもたちやそのなかまのこどもたちは、ひまだからあそぶかわりにわりに、もっこをかついで山にのぼった。

ある朝、半日村でにわとりがなくと、それといっしょに村のたんぼに、ぱっと朝日がさした。

一平や、おとなたちや、一平のこどもたちやなかまのこどもたちは、みんなうちの前にとび出して、せいいっぱい朝日をあびて、あはは、あははとわらった。

山ははんぶんになって、山の土でうめられたみずうみも半分になって、そこにはたんぼができて、稲が風にそよいでいた。

—それから、半日村は、一日村とよばれるようになった。

齋藤隆之さん著の童話「半日村」の抜粋要約です。

すばらしい作品ですので是非、原作で全文をお読みいただきたいと思います。

さて、皆さん、どの様な感想をお持ちになりましたか？

なかなか難しいことなのですが、この話は、やり切ることの大切さを心に強く訴えかけてきます。

発明家のトーマス・アルバ・エジソンもこう言っています。

「人生に失敗した人の多くは、諦めた時に自分がどれほど成功に近づいていたかに気付かなかった人たちだ」

マネジメントでも同じことです。戦略など大きな作戦は一度動き始めたら、大きな環境の変化が起こらない限り、何としても最後までやり切るように努めなければなりません。

もちろん、戦略を実現するための戦術部分は状況変化に応じて流動的に変化をさせる必要がありますが、戦略自体を安易に変更してはいけないのです。ですので、安易に「取り敢えずやってみるか」といた考えで大きな戦略を動かすべきではありません。取り敢えずやるのは、調査的な行動の際に行うべきです。

戦略の変更は従業員が今までやってきた業務、顧客へのアプローチなどを意味のないものにしてしまう可能性が高いものです。更に頻繁の変更を行うと、従業員が企業に対して不信感や諦め感を抱いてしまい、以後、トップマネジメントの指示に対しても様子見をしてしまうことが多くなっていきます。

その結果、次第に戦略の進捗速度が遅くなっていき、慢性的な戦略不順のスパイラルに入ってしまいます。

トップマネジメント層、戦略策定部門は、戦略の策定の際には、最後までやり切る覚悟をもって計画を立てる必要があるのです。

ただし、大きな環境の変化や想定外の競合の戦略など、戦略実施途中にこのまま進むと高い確率で失敗することが分かった際には、即断で変更をすることは必要です。その変更の際には必ず、従業員に対して戦いを諦めるのではなく、戦いをやり切るために必要な変更である旨を伝えることが必要です。

とにかく「よく考えずに戦略策定し、スタートしたがうまくいかなければすぐに変更する」安易な実施や「よくよく考えて戦略策定し、スタートしたが、なかなか結果が出てこないため止めてしまう」という踏ん張りどころで踏みとどまれないということは避けるのです。

マネジメントに重要なのは「必ずやり切る」という心構えです。

4．戦略策定メンバーの選定

主な企業では、経営戦略や事業戦略、対競合戦略を策定するに当たって、本社・本部機能の担当部署で決定されている場合が多いのではないでしょうか。

多くの場合が、こういた部署は社内でエリートと言われる方々で構成されているケースが多いように思います。企業ごとにこういった部署に配属されるエリートにも種類があり、次のようなケースをよく見かけます。

① 入社後の数か月から1年程度、どこかの現場担当部署で経験した後、管理系の部署や海外赴任などを経験し、配属されている

② 入社後、最初に管理系の部署に配属され、管理系の部署を色々と回り、配属される

③ 入社後、数年間現場担当部署を経験し、そこで見出されていきなり配属される

各社、このどこかのケースに偏る傾向があり、それぞれに問題を抱えています。

A. ①~②のケース

担当者の現場での経験が浅いため、二次情報や表面化している現象のみを前提条件として計画を立てる傾向が強くなり「知識や理論に偏る」あるいは「複雑な戦略」となる場合が多く、現実的ではない戦略が

策定されやすい。

B．③のケース

現場である程度の経験をしているため、経験則で計画を立てる傾向が強く「戦術の延長線上の戦略」となり易く、企業としての目的を達成するための戦略というよりも、現場で戦うための戦略となりやすい。

また、時間が経過するとともに、現場の状況も変化していくため、次第に時代にそぐわない戦略を策定してしまう傾向がある。

①～③のケースメンバーに、様々な現場を経験しながら戦略策定部署へたどり着いた、いわゆる『たたき上げ』と言われる人材を加えて戦略策定部署を構成している場合は、比較的バランスが取りやすいのですが、企業風土や人事制度などの問題で、やはり①～②に偏り易いのが現実です。

では、事業戦略や対競合戦略を策定する際には、どのような対策をしたら良いのでしょうか。

それは、一つの戦略を策定する際に、各現場の部署の人を加えて立案し、実施時にはまた現場に指導的な立場で戻すことです。

歴史上の事例を紹介します。

第二次世界大戦時、アメリカ海軍は軍中央部の作戦部員と最前線の要因を1年前後で交代させる仕組みを用いていました。一体なぜそうしていたのか、それは戦場の最前線を肌で体験したスタッフを中央作戦部にいれることで、戦場の最新の情報を正確に入手することができるだけではなく、現地の緊迫した状況や「何としても戦友を助けるのだ」という熱い思いを、軍中央部のエリート幹部にも伝える効果を求めたからです。そしてそれは「戦闘は遠い地域で起こっている他人事ではなく、今まさに、日々現場で起こっているのだ」という緊張感を軍中央部にもたらすことになったのです。

これにより、アメリカ海軍は現実的で効果的な戦略を立案し、推進していくことが可能になりました。皆が毎日現場で血を流している多くの戦友を救うために必死で、活きた戦略を考えたことは想像に難くありません。

その結果、アメリカ軍は戦略に必要な拠点を絞り込んで戦闘をし、失敗があれば本部に連絡が届く仕組みが形成されていきました。そして、次第に日本に対して優位になっていったのです。

これに対して、日本軍の上層部はどうだったのでしょう。

残念ながら彼らは、実際に戦場を見ることもなく、また、現場の情報を積極的に現場から入手するためのコミュニケーションを取ろうとしませんでした。

彼らはエリート然として、自分たちが把握していない現場の情報を軽視していました。更に現場の意見をトップダウンで押さえつけ、現場の専門家の意見を聞くこともしませんでした。

その結果、作戦を立てるエリート参謀は、現場から、物理的だけでなく、心理的にも遠く離れていってしまったのです。

当然、組織のモチベーションは低下していき機能を失っていきます。次第に失敗した戦法の情報が組織の他の部分へ共有もされなくなり、同一パターンの作戦を繰り返しては敗北することが、多くの戦場で起こっていきました。

この先に、日本がどうなってしまったのかは、皆さんよくご存じの通りです。

この話が物語っているように、適切な戦略策定と効果的な実施のためには、戦略的な理論だけではなく、戦略の前提条件となる正確な現場の情報と緊迫感の把握が重要なのです。

これを実現するために戦略策定には現場の人を参画させる必要があるのです。

現場の人を戦略策定メンバーに加えることによって得られる効果は、次のようなものです。

① 現実に沿った戦略の策定が実施される

現場の人を加えることで、顧客の反応や競合の戦術、緊急度などの優先順位、戦略実現の可能性など、現場の実体験に基づいた一次情報を十分に考慮することが可能になり戦略が現実的なものになる。

②　戦略実施時の初期導入がスムーズに実施される

現場の人の意見が反映されることで、現場メンバーも「本社・本部のエリートが勝手に考えて押し付けてきたもの」という意識ではなく「自分たちも一緒に参加している戦略である」という意識が芽生え、現場の納得性が高くなる。

その結果、現場での不毛な議論が減少し、モチベーションを高く持った状態で積極的に行動するため、戦略が早期にスムーズに開始される。

また、戦略実施時に策定メンバーを現場に入れる、または戻すことにより、次のような効果も期待されます。

①　最短で戦略が達成される可能性が高まる

現場で、戦略の本来の目的に沿った戦術が実施されることが多くなり、無駄な戦術が減り、人員が効果的な戦術に集中的に活用される。その結果、戦略目的達成までの時間が早まる。

また、副次的に、販管費、人件費も軽減される。

②　環境の変化や、戦略の不備に対する対策が迅速に対応できる

戦略策定メンバーが現場にいることで、現場で直面した環境の変化や不具合などに関する連絡が、本社・本部担当者に入りやすくなり戦略の修正、変更などが迅速に行える。

かつて、サッカー日本代表を率いていたオシム監督の目指すサッカーが「走りながら考える」でした。事業戦略や対競合戦略はスピード感を持ってやらなければなりません。完璧な美しい戦略が短時間で策定できればよいのですが、現実としては難しいはずです。このような時代では、完璧な戦略を目指すのではなく、実行性の高い戦略を中心に組織を組み、現実が変化する前に実行する必要があるのです。まさに「走りながら考える」ということです。

コラム③　計画策定に参加するということ

私が、ある商品開発の実施部署のリーダーを担当していたころの出来事です。

当時、商品開発プランの設計部署と実施部署とは別々になっており、実施部署では設計されてきた開発プランに対して、よく不平不満が出ていました。

そこで私は、新たな商品開発プランが設計される際に、その設計書の初期の案ができた頃から、プランの実効性に関わる部分について、実施部署としての意見を聞いて反映してもらえるよう依頼をしました。それまでは、設計書の誤字脱字のチェック程度のレビューは実施していましたが、ここまで踏み込むことはしていませんでした。

その後、実施部署から設計書の内容を検討するメンバーを選定し、内容を検討していったのですが、当初、私は「きっと実施部署のメンバーは、これを面倒がって嫌がるのではないか」と、予想していました。しかしメンバーは、それどころか設計書に対して自分事として積極的に検討してくれたのです。

更に私を驚かせたのは、設計書の内容を実施部署のメンバーが設計部署の案よりも厳しい基準に変えたことでした。

私は、実施部署のメンバーは開発の実施がやりやすいように、少し緩めた内容に修正する可能性があると思っていたのですが、結果はまさかのその逆方向への修正でした。それは、実施部署としては基準が少し厳しくなり大変なことなのですが、メンバーはしっかりした開発をしたいと考えてのことでした。

開発が動き始めても、通常よりも納得性が高くスタートしたメンバーからは、プランに対する不平不満は聞こえず、むしろプランに対して正当性を説明するメンバーも出てくるなど、開発プランの設計部署とも良好な関係を維持したまま開発を進めることができたのです。

このケースでは、設計全体の参画にまでは至ってはいませんが、それでもこれだけ好影響を与えたことは、現場の部署のメンバーが戦略策定部署の計画策定に参加し、話し合うことの重要性を検証できた良い機会だったと思っています。

【第2章まとめ】

戦略策定時に押さえておきたいこと

1. 戦略策定は、ロジックに基づき、シンプルに、実行者の心理を計算にいれて計画する
2. 自社の強みを強化し、ブランド力を上げることに挑戦する
3. 戦略をやりきる覚悟を持って臨む
4. 戦略策定時には、現場の人員を参加させる

第3章　現場のマネジメントはどうしたら良い？

1．部下への接し方

中国の漢の時代に李広という将軍がいました。彼は、戦争で行軍する際に食事の時には、部下に食事が行きわたるまでは絶対に箸に手を付けることはなく、また、その食事の内容も部下と同じものを食べたといいます（通常の将軍の食事は一般兵よりも良いとは別の内容の物であることが一般的）。

また、泉を発見した際にも、どんなに自分の喉が渇いていても、部下が全員水を飲み終わるまでは、自身は決して飲むことはなかったといいます。

そして戦後、褒賞として受けとった金銭は、すべて部下に分け与えて自身は持ち帰らなかったそうです。

これと似た話として、春秋戦国時代に魏の将軍であった呉起も、戦争の際には一兵士と同じ服を着て、同じ食事を食べ、同じ場所に寝て過ごし、また、その行軍の時も自身は馬に乗ることはなく、食料も自身で携帯して、兵士と同じ境遇で苦しみを共有したといいます。

当然、彼らの軍の兵士は、彼らの命令には喜んで従い、命を賭して戦おうとしたといわれています。

皆さんは、部下に対する接し方を日頃どのように考えていらっしゃるのでしょうか。

組織の業務指示はトップダウンで進むこと自体は自然ではありますが「偉い上司が部下に対して命令する」という考え方では指示はうまく守られません。部下も仕方なくただ指示をこなすだけのことが多くなってしまいます。基本的には役職は役割であり、仕事は部下にやらせるのではなく、やってもらうものなのです。

日々、部下と苦労を分かち合い、お互いに感謝の言葉を伝え合うことで信頼関係を築いていき、目的とした業務が部下に自然に受け入れられる関係を保つことが、求められる上司と部下像です。そのためには日頃から、周りに「ありがとう」の言葉をかけていくよう努め、間違えても、自身の嫌な仕事を部下に振るなどといったことはしないように、心がけていきたいものです。

自身が部下の視線に下がり、部下と良好なコミュニケーションを図ろうとする上司に対しては、部下も一緒に仕事をしたいと考えるようになりますので、積極的にコミュニケーションを取ろうとしてきます。その結果、現場でのアクシデントや問題点が、早い段階で集まるようになってきます。また、問題の解決などについても部下が積極的にそこに向かって対応するように意識が変化していきますので、様々なことが早期かつ順調に進みやすくなっていきます。

一方、いつも偉そうにしていて、部下とのコミュニケーションも上から下をみる視線で取る上司や、部下に冷たい上司に対しては、部下はできるだけ会話をしないように、徐々に避けるようになります。

するると現場の報告もどうしても必要なものかつ最低限のことだけになり、アクシデントの報告など、言い難い内容の報告はより遅くっていきます。また、現場の問題点も、すぐに解決すべき事項以外は報告されなくなります。その結果、上司は盲目になってしまいます。やがて「自分の部下は使えない人ばかりだ」と嘆くようになり、厳しく報告を求めるなど、より嫌われる負の連鎖が回り始めるのです。

こうならないためにも部下に対しては部下と同じ視点で接するように心がけていきましょう。

そういえば私が子供の頃、よく親から言われていました。

「相手の立場に立って考えなさい」

２．人の価値観は様々

人には様々な価値観があります。それは、年齢、生まれながらの性格、育った家庭環境、学歴、趣味、接してきた本、などによって千差万別です。私はよく、両親が公務員である人と、自営業者である人の価値観の差などは顕著に表れていると感じますし、私自身がサラリーマン時代に勤めていた会社が合併した際には、お互いの企業の従業員の顧客に対する考え方や、日々どこを向いて仕事をしているのかなど、大きな価値観の違いによく驚かされた経験があります。

この価値観の違いを軽く見てはいけません。上司は日々、部下とのコミュニケーションの中で、それぞれの部下がどのようなものを目指していて、どこに価値観を見出しているのかを、把握する努力をしてほしいのです。

そして、自身の価値観との違いを見つめて、その差を受け入れる努力を惜しまないでください。

「仕事はこうあるべきだと」自身の価値観を部下に押し付けて、価値観の違う人を「使えない人」などという扱いは、断じてしてはいけません。そもそも、社長や株主とあなたの価値観も異なっているのです。

もし、ご自身がどうしても、部下の価値観を受け入れられず、自身の価値観が企業として、部署として合っていると思われる場合、既にあなたの企業人としての賞味期限は切れていると考えられます。時代の流れや、経験によって人の価値観は常に変わっています。あなたは、これらのことを通じて成長することができない、あるいは受け入れられない状況に来ています。こうなってしまうと、会社にとっても自身にとっても、今後良いことはありません。何とか、ご自身の人生を振り返り、何故あなたの価値観がそうなったのかを見直すことで、受け入れられる心を取り戻すような努力を行ってください。あなたの価値観はあなたという人が、あなたと同じ経験を同じタイミングでした時にだけ存在する価値観です。時代や育った生活感によって、なんとなく自身と似たような価値観の人はいるかもしれませんが、同じ価値観の人はいないのです。

3．社内の血液循環は情報の循環

役職や立場によって異なる様々な情報が入ってきます。この情報を自分のところで止め、部下へは話さない上司、部下へ報告することが禁止されている事項以外はすべて部下へ話す上司、どちらも存在します。

前者は、部下の業務に不要な情報は与えるべきではない。または、こんな情報は部下も知っているだろうといった考えから、部下に対して情報を提供しない場合が多いのではないでしょうか。

しかし、従業員が行っている日々の業務は、基本的には企業の目指している、企業理念や戦略などを実現するために行っていることであり、すべてトップから流れとしてつながっていることなのです。

企業にとって、トップマネジメントは頭脳、組織は骨格、情報は血液です。血液を狭めてしまうと体は循環不全になり、いずれは病気あるいは最悪の場合は死んでしまいます。

万が一、部下に対して優位性を保ちたいという考えで情報を自身のところで止めているのだとしたら、それはいずれ会社を傾けかねません。日々の情報を部下に流していれば、従業員も会社の方向性や現状が把握できるため、会社から伝わってくる日々の情報と現場の状況に乖離が起こってきた際にも気付くことができます。また、部下が盲目な行動を起こす可能性が低くなります。

上から下への情報量が増えれば、部下から上司への情報量も増えますので、適切な対応を取ることが簡単になっていきます。

４．人員という制約条件下での効果的な部下の活用方法

人には様々な性格があり、能力も様々です。マネジメントをする人は、部下の能力を見極めていかなけ

ればなりません。

一般的には、その部署の目的に対して、能力の高い人、低い人、普通の人という能力評価をすることが多いと思います。

しかし、上司が自身の管轄している部署の業績を効果的に上げていくためには、部下の能力を見極める際にもう少し細かく分解して見る必要があります。

例えば、営業職であれば、それぞれの部下の「アポイント取得能力」「交渉能力」「社内外の人と連携を取る能力」「事務処理能力」「約束を守る能力」「面倒を見る能力」などについて、どの能力が高い（強み）のか、低い（弱み）のかを把握するのです。

これらが明確になっていれば、部署としての強みと弱みのマップを作ることができます。

そして、各人のそれぞれの強みの部分が活かせる業務を中心的に任せることによって、強みの最大活用をすることができるようになります。

個々の部下も、強みの業務を中心的に行えることで、強みをより強化していくことができるようになり、自信を持って仕事をすることができます。また、業務の中で強みの部分の比率が増えていきますので、業務に対するストレスも軽減されていきます。

こうして評価をしていくと、今までの能力の評価の方法では、単に能力が低いと判断されていた部下が、意外な所に優秀な部分も持っている人材であることを発見することができることもあります。

部署のメンバーそれぞれの強みを業務に当てはめてみて、部署の業務の中で誰も強みがない部分は、止むを得ませんので、上司が補うか、部署のメンバーで割り振りをしましょう。こうして、部署の業務を部下個々の強みを中心とした布陣とすることで、効率的な運用ができるようになります。

そして、弱みの部分が多い部下については、もう一工程別の角度から分析をしてみてください。現状の業務では弱みと判断されてしまう能力が、別の部署の業務などの視点からなど角度を変えて見ることによって、実は強みであることが見つかる場合があります。

こんなエピソードを紹介します。

戦国時代、武田信玄の部下に岩間大蔵左衛門という部下がいました。元来の臆病者で、戦になると駄々をこねて最後は目を回してしまうため、戦場に行くことさえしませんでした。それどころか戦の話さえ嫌いで、そういった話題になるとたちまち退出してしまう有様でした。

当然、信玄の部下からは

「こんなヤツは解雇すべきだ！」

という声が頻繁に上がっていました。しかし、信玄は大蔵左衛門を切り捨てるのではなく、その能力を別の角度から見ていました。

「アイツが戦争を恐れるのは心が繊細なため。人には人ごとに、大蔵左衛門には大蔵左衛門なりの『心の繊細さを利用した』活用の仕方がある」

ある日、信玄は大蔵左衛門を呼び

「お前に任せたい仕事がある。お前は戦場が苦手だ、次の戦の際には館の留守を預かり、館内外で起こっている事件や噂話などをそっと聞き込み、私にすべて報告してくれ」

自分が何を言われるのか怯えていた臆病者の大蔵左衛門は、震えながら頷きました。

程なく次の合戦が行われました。

信玄は戦いから戻ると、さっそく密かに大蔵左衛門の話を聞きました。

すると、大蔵左衛門は館内外で聞いた悪いこと、良いことのすべてを信玄に報告しました。

「こいつは、やはりここに能力があったか」

信玄はその仕事振りに大変満足しました。

その後、武田家中では本来、信玄が知っているはずのない様々な噂や出来事を知っているため、次第にいい加減な噂や文句・事件などが少なくなり、適度な緊張感を持って生活するようになっていきました。

大蔵左衛門は、その後も信玄の下で優秀な目付として職務を果たしていきました。

武田信玄の人材活用は見事ですね。我々が気づきにくいのは、そもそも能力とは何に対する能力なのかということです。現状の業務の目的から見た場合には、能力が低いと感じる人材であっても、別の業務から見た場合、その低い能力部分が、逆に強みになる能力なのかもしれません。適材が、適所に配属されていなかったということなのです。

今やハリウッド映画にも出演している、大俳優の役所広司さんは、若いころは市役所に勤めていました。しかし、仕事にやる気が出ず、電車で出勤する際に、職場のある駅で降りずにそのまま通過していってしまったりしていたそうです。その後、俳優の道を目指して進まれた結果、現在はどうでしょう。あれほどの名俳優になられているのです。

役所広司さんは、ご自身で決断をされていますが、自身の才能は、本人でも気づいていないことは多いものです。

今、あなたが優秀ではないと判断している部下に、駄目だとレッテルを貼る前に、別の角度から覗いて他の可能性を見つけだすことができないでしょうか。

自部署にそれを活かす仕事がなければ、少しでもそれを活かせる部署へ異動を行い、その才能が活かされるようにすること。それが、自社にとっても、部下にとっても、あなたにとっても幸せなことなのです。

弱みの強みへの置換。これができることは素晴らしいことです。

人材が活きるも眠るも上司次第なのです。

5. 部下の功績を上司にどのように表現するのか

「うまくやっておいて！」

昔はよく部下に対する指示の出し方として聞かれた言葉です。

部下に業務を丸投げ、あるいは判断をさせておいて、うまくいったら

「俺の言った通りだろ」

と、言って手柄を持っていき、失敗したら

「うまくやれといっただろ、お前の責任だ」

と言い、失敗の責任を部下に押し付ける。サラリーマン時代の帰り際の飲み屋で

「○○課長があぁ言った、こう言った」

と、よくこんな会話をしました。

果たして現在はなくなったのでしょうか。

残念ながら現在でも言葉のニュアンスを変えて生き続けているようです。部下の実績を自分のものにしてしまう、失敗の責任を部下のせいにするなどということは、きっといつまでたってもなくならないものなのでしょう。

しかし、これからの時代はこのような状態の会社では、以前にも増して優秀な人材の流失につながり、

ゆくゆくは組織を崩壊させます。ご自身の周りはどうでしょうか？

坂本龍馬はこう語っています。

「事は十中八、九まで自らを行い、残り一、二を他に譲りて功をなさしむべし」

仕事は自分で行うのは八割まででいい。そこまでが難しい。あの２割は簡単だ。そこは他の人に任せて功績を譲るべきだ、と言うのです。

流石にリーダーが皆、ここまでするのはやり過ぎ感はありますが、ではどうしたら良いのでしょうか。

日々の様々な業務の成果を役員や部長など皆さんの上司に報告する際には「この仕事は○○さんがやりました」「○○さんに、教えてもらいました」とその仕事を実際に実施した部下、成功させた部下の名前を伝えるように心がけることで、部下の功績を見えるようにしてあげることが重要です。

元々、上司の業務は仕事を直接することではありません。部下の能力を判断して適切に依頼し、まとめることによって組織の成果を上げることであり、部下の功績は上司の功績として見られているのです。

また、反対に部下の失敗は上司の責任であり、部下にその責任を押し付けたところで、周りの人から見れば、器の小さい人に見られるだけです。何の良いこともありません。

部下の実績を自身の上司に伝え、失敗の責任は自身で負うことで部下のモチベーションは上がり、次第に自身の評判も上がっていきます。

そうして評判の高まっている人を、しっかりとした上司、上層部であれば、上に引き上げるに違いありません。これらの行為は、組織のモチベーションを高めるだけでなく、自身のマネジメント能力や評判も高め、昇進への礎となっていきます。もし、あなたの会社がそのような人材を引き上げるような組織ではなかった場合には、その組織には将来性がありません。退出することを考えることも考慮すべきでしょう。よく雑誌などで、部下の処世術として「自身の成功、実績を上司に譲る」「上司の雑用を進んで実施する」などの方法が書かれていることがあります。これは、上司の立場から見た場合には、上司自身は楽で良いのですが、とても危険をはらんでいます。

組織のモチベーションが高く、部下がこの上司のために進んで何でもやろうという環境下で、多くの部下がそのような対応を取ろうとする場合は良いのですが、そのような、環境下ではないにもかかわらず、一人、二人の部下がそのような対応を取ってきた場合、これは、現場を良くしようという考えや、人格が良いわけではありません。部下自身の出世を目的として行っている可能性が高いのです。

出世を考えること自体は良いのですが、本当に能力の高い人なのか、自身に都合の良い情報ばかりを入れてくる、ただのゴマすりなのかを日々注意しておくことが必要です。

もし、ゴマすりタイプの部下が現れても、皆さんは公正な態度を持って部下と接するように心がけてください。しっかりと仕事をすることでのみ評価され、このような態度をとっても意味がないということが分かれば、いずれこの部下もこのような態度は改め、しっかりと仕事をこなすようになっていきます。

このタイプの部下のやり方に流されそのまま重用していくと、いずれ他の部下との関係も悪くなっていき、部署が纏まらなくなっていきます。いつしか、上司自らの評判も落としかねません。

歴史上もこうした人によって国が滅びてしまった事例も非常に多いのです。

6．部下に対してできるだけ公正に接する表現方法とは

次の文章は、ある日のS課長と部下Aさん、そして、S課長と部下Bさんの会話です。

S課長はある会議資料の作成依頼を部下にしました。その依頼をAさんが受けた場合と、Bさんが受けた場合、どのような会話の違いになったのか見ていきましょう。

〈Aさんのケース〉

S課長：「Aさん、先日お願いした来週月曜日の会議資料、そろそろでき上がった？」
Aさん：「すみません、まだ手が付けられていません、今から始めようと思いますが、今日中には1度仕上げて、明日にはお渡しできると思います」
S課長：「忙しいところ、色々とお願いしていて申し訳ないが、よろしく頼むね」
Aさん：「はい、わかりました。急ぎます」

〈Bさんのケース〉

S課長：「Bさん、先日お願いした来週月曜日の会議資料、そろそろでき上がった？」
Bさん：「すみません、まだ手が付けられていません、今から始めようと思いますが、今日中には1度仕上げて、明日にはお渡しできると思います」
S課長：「なんだって！お願いしてからもう1週間も経っているじゃないか、まだやっていないのか！明日渡されたって、私だって暇じゃないんだ、確認できるかわからないよ。もっと早く作って、事前に私に確認を依頼する日程を伝えておくべきじゃなかったのか！」
Aさん：「申し訳ありません、大至急作成します。明日のご予定はいかがでしょうか？」
S上司：「しょうがないから、時間は何とかするよ。とにかく、今日中には作れるんだね！」
Bさん：「はい、頑張ります」

皆さんの身の回りでも、こんな差を感じたことがありませんか。

Aさん、Bさん共に同じ進捗状況で同じ回答をしたのに、S課長の対応がまるで違います。それまでのバックグラウンドなどもあるのでしょうが、これではBさんだけではなく、他の部下もS課長に対して、複雑な感情が生まれてしまいます。

当然のことでありながら難しいのが、部下に対する公平な態度、そして評価です。人にはどうしても好き嫌いがありますし、自分に対して色々と手足となって動いてくれる人を優遇してしまう気持ちは理解できます。しかし、嫌われた側の気持ちになってみると、やるせない気持ちになることは想像に難くありません。

部下ごとに明らかに偏った態度を取り続けることは、上司として部下からも周りからも信用されないことに繋がっていきます。

では、どうしたら良いのでしょうか。人は、叱られるとき、褒められるときに特に感情が動きます。そこで最低限、次のことを心がけ、公平であろうという心がけを持って部下と接すると、激しい差別は感じにくくなります。

①　部下を叱らざるを得ない時、その基準が誰でも同じであること
②　部下を褒めるときも一定の基準を持って、誰であろうと必ず褒めること

また、部下を評価する際に注意する必要があることがあります。

人は、他人の一部分の優れた（または、劣っている）特徴を見て、連動性のない他の部分も優れている（または、劣っている）と感じ、その人の全体が優れている（または、劣っている）と判断してしまう傾向があります。

これは、心理学で『ハロー効果』と呼ばれる現象で、人はある目立つ特徴に引きずられて他の特徴につ

いての評価もその方向に歪められる傾向があるというものです。

残念ながら我々人間は、少なからずこの影響を受けて他人を評価してしまいます。普段、あまり関係のない人に対してはこの影響があってもあまり関係がありませんが、自身の部下を評価する際には、この影響を最低限にしなければなりません。

先述したように、部下の個々の優れた箇所、足りない箇所を分析して、部下の能力を効果的に活用できるように評価すること、これがマネジメントをする人に求められる能力の一つです。

7. 部下へ業務を依頼する際に忘れてはならないこと

部下へ業務の依頼をする際に、必ずやらなければいけないことがあります。

それは、なぜその業務を依頼するのか（目的）、それをすることによってどのようなことが起こるのか（結果・効果）を伝えるということです。

この二つを伝えることで、次のような変化が起こります。

① 目的を通して、ある程度の判断基準を持つことができるようになるため、細かい判断を自身で行えるようになり、業務の効率が上がる
② トラブル発生時でも、自身で目的に合わせた解決策を提案でき、早期の解決が期待できる

③　成果物が表面的な物ではなく、目的のために利用しやすい形で仕上がる
④　業務に対するやる気（モチベーションが）飛躍的に向上する

部下から思ったような成果が上がってこないことが多いと感じたら、自身がこれらのことを部下にしっかりと伝えていたかを思い返してみてください。品質水準がある場合には、どの程度の仕上げにするのかも必ず伝えるようにしてください。

ここでまた、歴史上のエピソードを紹介します。

戦国時代、織田信長の居城であった清州城が、台風の被害に遭い城壁が崩れてしまうという事態が起こりました。

当時、信長はまだこの城を引き継いだばかり。まだその名も知られていない程度の武将で、この城は隣国の大名からいつ狙われてもおかしくない状況でした。

城壁の損壊は城の防衛のためには致命的で、事は一刻を争います。信長は非常に危機を感じ、普請奉行を任命して急いで修復工事を終わらせるよう指示しましたが、20日経っても壁は一向に直る気配がありませんでした。信長は堪らず普請奉行に追求します

「何をしているのだ。20日経ってもまだ終わらないのか。一体いつまでかかるのだ」

普請奉行は
「人足が、不平不満を漏らしてばかりで仕事進まないのです」

と、信長に言い訳をしました。

信長は一刻を争う事態であるのに、このままでは工事は進まないと気が気ではありません。そこに様子をうかがっていた新人の木下藤吉郎（豊臣秀吉）が進言しました。

「私なら3日で仕上げてお見せします」

工事の遅延に苛立っていた信長は、この男に任せてみることにしました。

新しく普請奉行に就任した藤吉郎は、さっそく人足たちを集め自己紹介がてらに酒宴を開き、人足たちの話を聞いて回りました。そこで、前任者のやり方が「とにかく急いでやれ」と威張って命令するばかりで、人足たちとしては「なぜ急ぐのか」その理由が分からずに、急き立てられて怒られているばかりであったため、やる気が出ていなかったことに気づきました。

少し考えた後、藤吉郎は人足たちにこう伝えます。

「今はこんな世の中だ。周りの大名は他国を攻める機会を常に狙っている。この城の壁が壊れていることは直ぐに周りの大名に伝わるだろう。今、この城がこんな状態で攻められたら壁の崩れたところから敵に侵入されて火を放たれたらどうなる。もう稲刈りどころではないぞ。お前たちの妻はどうなる。子供はどうなる。どんな目に遭っても平気なのか。一刻も早く石垣を直さなければならないのは、信長様だけのためではないぞ、皆の家族を守るためでもあるのだ」

人足たちの表情は一気に青ざめ、城壁が壊れていることの危険を自分のこととして捉えました。

藤吉郎は続けて

「壊れた場所はどこも同程度だ。そこで修理箇所を10ヶ所に分ける。1組10人ごとに1ヶ所を担当して修理してほしい。誰が誰と組むのか、どの組に入るのかはお前たちが話し合って決めろ」

と伝えました。人足たちは初めて聞く方法なので

「そんな無責任な、俺たちに仕事を押し付けている」

と言いましたが、藤吉郎は

「俺があまり口を出してはおまえたちもやり難いだろう、お前たちのやり方できめろ」

そう告げて帰ってしまいました。翌日、藤吉郎は人足たちから決定事項を聞くと、工事をする個所についても人足たち自身に決めさせました。そして続けてこう伝えました。

「各日の日当はその日に高く積みあがった組の1位に5倍、2位に4倍、3位に3倍の賃金を支払うこととする。更に、予定よりも早く終わった場合には日当とは別に特別褒賞を出すこととする」

これで、人足たちたちの心には完全に火が付き、隣の組よりも早く仕事が進むように我先にと仕事を始めました。

一日が終わると藤吉郎は各進捗状況を確認しながら

「たった一日でここまで進んだのか。大したものだ」

と褒めて回りました。ここまでされると人足たちの労働意欲もますます盛んになり、前任の普請奉行が遅々として進まなかった修理作業が本当に三日で終了したのです。

この事業で、藤吉郎は人足たちになぜ城壁の修理を急がなければならないのか、それをすることによってどのようなことが起こるのか（今回は、起こらなくて済むのか）ということを伝え、全員に共通認識を植え付けています。それによって、人足たちは目的とその効果をしっかりと認識して急いで修理作業に取り掛かった結果、あっという間に修理を完成させたのです。

城壁修理が信長のためだけではなく、自分たち家族のためでもあることを理解した人足たちが行ったこの修理は、手抜きなどされている筈もなく、むしろ壁が敵に破られないように丈夫な物になっていたに違いありません。

仕事を依頼する際に、依頼する業務の目的と結果・効果を伝えることは、これほどまでに重要なことなのです。

8．部下を育てるために

現場での従業員教育は、企業にとって重要な使命です。しかし、どうしたらいいのか分からないことも多いものです。

ここでは、現場での部下の教育について、大きく「新人や異動者の教育」と「既存のメンバーに対する教育」の二つに分けてまとめていきます。それぞれ、教育していくためのプロセスが異なります。

ここでは、それぞれについて分けて解説していきます。

【１】新人、異動者への教育

新入社員や職種の異なる部署から移動して来た部下に対する教育を行う際に特に多いのが、育てる手段として、業務の大枠だけを伝えて、あとは自分で考えて進めるように指示を出すケースです。

恐らく、業務について「自身で調べ考えて行動すれば人は育つ」という考え方なのだと思いますが、これでは、ただの丸投げです。これらの部下は、業務に対する基本的な目的や慣習、手順などを全く分からない状況です。こういった指示を出した上に、期限が短い業務などを立て続けに出すと、部下は手順や意味が分からいないことに忙殺され、ただただ疲弊していきます。

これでは、成長するどころか萎縮してしまい、逆効果になってしまいます。

江戸時代に、破たん寸前であった米沢藩に、他家から上杉家に入り財政再建を成功させた、上杉鷹山という人がいました。彼の有名な言葉があります。

「してみせて　いってきかせて　させてみよ」

後に、第二次世界大戦で連合艦隊司令長官を務める山本五十六もこう残しています。

「やってみせ、言って聞かせて、させてみせ、ほめてやらねば、人は動かじ」

ここでは、彼の理念に当て嵌めてどのように教育をしていったら良いのか考えていきたいと思います。

① やってみせる

初めての人は何が何だかわからないのです。先ず、業務のイメージを持ってもらうことが大切です。業務を丸投げで渡して自身で考えさせるのではなく、面倒くさがらずに相手を尊重しながら、先ず手本を見せてあげてください。

② 言って聞かせる

どのように進めるのか、なぜそのようにするのか、きちんと伝えてあげてください。

また、部下の疑問点などは積極的に質問を受け、理解を高めることを忘れずにしてください。

③ させてみる

前の二つを行ったら、いよいよ本人に実施させてみてください。

もし、本人のオリジナルの考えがあればそれを組み入れてあげてください。相談されるまでは横から口を挟まずに見守ってあげて下さい。

④　褒める

ある程度のところで確認し、修正を加え、完成したらその出来栄えを褒めてあげてください。

褒める際には、本人の能力を褒めるのではなく、そこまでたどり着いた努力、行動を褒めるようにしてください。結果を導いたのは努力と行動であるという意識をもってもらうことが重要です。


何もないところから、自分で考えて実行するのは難しい作業です。

昔はそれでも良かったのかもしれません。しかし、現在は昔と違って情報量が多く、求められるスピードも速くなっています。また、社内規定なども多様で、それを見つけだすことだけではなく、規定同士の関連性を考えることも大変な作業です。

これではかなりなストレスもかかり、丸投げスタイルは建設的な方法ではありません。

上司は、こういうことに気を配って部下の信頼を勝ち取る努力をすること。そして、互いに働きやすい環境を育てていくことが重要なのです。

【2】既存の部下への教育

既存の部下に対しては、新人や異動者とは異なった対応が必要です。こちらは部署の業務の流れや、人間関係には慣れているメンバーですので、仕事の目的、完成度、期限を伝えた後はあまり内容には突っ込まずに任せてみることが必要です。

先程の、山本五十六の言葉には、次のような続きがあります。

「話し合い、耳を傾け、承認し、任せてやらねば、人は育たず」

① 話し合い

部下に依頼しようと思う業務について、先ず『対象や目的』『品質の水準』『期限』などを伝え、実施の可能性や質疑などを行い、方向性を詰めましょう。質問にはしっかりと、答えてあげることが重要です。

② 耳を傾け、承認する

仕事を進めていく上で、部下から様々な意見や相談が上がってくると思います。その話をしっかり傾聴し、話し合って進むべき方向について承認してあげてください。

部下も自分の意見が通れば、受け入れられたことを喜んで何としてもやり切ろうと頑張ります。

傾聴する際には、部下の意見に相槌を打ち、否定的な単語は使用しないように注意が必要です。まして、部下の話を遮って自身の考えを話し始めたり、感情的になって話すなどはしてはいけません。また、あまり細かいことをチェックしたり要求しないように心がけてください。

③　任せる

部下に依頼した仕事は、頻繁に報告や連絡を求めずに、ある程度の期限まで任せるようにしていきましょう。あまり頻繁に報告を求めたり細かい指示を出すと、部下はだんだんとモチベーションを落としていきます。

進捗確認は、ある程度の期間を取って途中経過を確認するようにすると良いでしょう。その際に、部下に対して漠然とした質問をしないようにしてください。部下は、何をどう答えてよいのか分からず、黙ってしまうか、見当違いの回答をする可能性が高く、苦しいだけです。まして、その回答に駄目出しするようなことがあると、部下の気持ちが後ろ向きになってしまいかねません。

またよくあるケースが、具体的な指示を出して、その指示が前回指示した内容と真逆であったり、その後、更に何転かして、最終的に最初に部下が提案していた内容には落ち着くのですが、それを上司が考えて指示したかのようになるケース。

そして、途中から全体的に必要以上に細かいところまで想定質問をして、当初、話し合った品質の水準をはるかに超えてしまうケースです。

こうなってしまうと、もはや部下は疲弊するばかりでやる気が出ません。場合によると会社に来ることも嫌になってしまう可能性もあります。任せなければならないのです。任せることによって、人は責任感を持ち、やり遂げることで成長します。ただし、もし途中経過で方向性に間違いがあった場合などは、話し合い修正を加えて再び進ませる必要はありますので、放任することとは異なりますので注意してください。

【3】全員共通

新人、既存の部下共に、部下を教育する際に全体的に注意すべきことが幾つかあります。

① 依頼する仕事のレベル

部下へ業務を依頼する際にどのようなバランスで仕事を与えたら良いか悩んでしまうことも多いかと思います。よく「肩書が人を育てる」という話を聞きますが、日々の業務も同じことです。

部下へ業務を依頼する際には、部下の能力よりも少し高いレベルの仕事を与えるようにすると効果的です。それをやり遂げたら、更にまた少し高いレベルの仕事と段階を追ってハードルを上げていくことで部下は成長していくことができます。業務の中には、本人が簡単に実施できてしまうものも入れておくことは必要ですが、この少し高いレベルの業務ということを意識しておくことは重要です。

②　部下に対する声掛け

部下に対して、日頃からできるだけ「期待している」という種類の言葉をかけるように心がけましょう。心理学に『ピグマリオン効果』という言葉があります。これは、学校の先生が生徒たちの成長などに対し期待をかけ、その期待が達成されるように子供たちに接すると、生徒たちこれに応えようとして学習意欲が向上し、実際に成績がアップするという現象です。

人は大人になっても同じです。「期待されている」と感じればそれに応えようと頑張り成長します。「どれだけの部下を成長させられたか」それが、上司の醍醐味なのです。期待を受けて育てられた部下は、成長したのちもあなたのことを忘れないでしょう。

③　失敗時やトラブル発生時

依頼した業務が失敗した場合や、トラブルが発生した場合、つい怒ってしまいたくなる気持ちはよくわかります。しかし、怒ってもお互い後で嫌な気持ちになるだけで、むしろ解決が遠ざかってしまいます。そんな時は、先ず心の中で一呼吸置き、感情的にはならないように先ずは柔らかい態度で、部下と一緒に前向きに対応策を考えることが重要です。早期に対策が立てられるような雰囲気を作ることで、傷口は浅くて済みます。

決して「何故そんなことになったのか」などと追及して追い込むようなことはしないようにしてください。それは、部下と心が離れてしまうだけで、何もメリットがありません。本人こそ、失敗したことの反省や痛みを一番味わっているのです。むしろ、部下に解決策について意見を求め、積極的に対策を打つ雰囲気を醸成していくのです。

④　社内の他の部署や社外とのクレーム発生時

このような場合、皆さんは日頃、どのような対応をされているでしょうか。

皆さんも、上司がクレームを言ってきた人と一緒になって「君はそんなことをしたのか！」と、部下を怒鳴っている様子や、部下の責任にして自分は与り知らないかのようにしている上司の光景を目のあたりにしたことが少なからずあるのではないでしょうか。

これは端から見ても気分が良くない光景です。確かに、クレームの直接的な原因は部下が作ってしまったのかもしれません。しかし、責任者は上司にあるのです。上司はここでは、むしろ対外的なクレームの前面に立ち、部下を守ることが重要です。

上司が部下を守ってくれると分れば部下は安心してチャレンジングな仕事をしてきます。守ってくれないような上司であるならば、外部との仕事は極力失敗がないようにすることに意識が向かい、消極的な仕事をするようになります。

サッカーで世界的に有名なモウリーニョ監督の言葉があります。

「私が決してやらないのは、試合が終わったとマスコミの前で選手を批判することだ。敗戦や引き分けの後に逃げ隠れすることはしない。私は、選手たちが守られ、落ち着いた気持ちを保てることは、マスコミを喜ばせることよりも百倍重要なことだと思っている」そして、２００８年―２００９年のチャンピオンズリーグで敵に敗れた際に、モウリーニョはプレスルームでこう言っています。「今日の戦いに対して選手たちを批判したいなら、まず私を殺してからにしてほしい」

優れたリーダーは自身が責任を負い、部下を守るものです。

⑤　どうしても部下を叱らなくてはいけない場合

怒るな、怒鳴るなと書いてきましたが、そうは言っても、本人に反省の色が見えない、または、注意をしなければいけない場合など、止むを得ず叱らなければいけない場面が出てきてしまうこともあるでしょう。こんな場合、少し工夫が必要です。

皆さんは、色々な嫌なことやつらいことがあった場合でも、最後に良いことがあったり、心が救われるようなことがあると、その苦しみが和らぐ気がすることがあると思います。

人は、話の最後に良いことがあると、それまでの苦痛を受け入れやすくなります。部下を叱る際には、先ず最初に「ガツン」と言ってしまい、その後に「お前が仕事ができるのはよくわかっているよ」「こんなところはとても良い」など、本人を褒めて笑顔で話を締めくくると、部下も話を受け入れやすくなり、お互いに後味もよく終わることができるのです。

⑥　自身の経験

部下へ業務の依頼をする際や、経過の確認をする際に、ご自身の過去の成功体験をそのまま押し付けていませんか。

成功体験を語ること自体は問題ありませんが、ご自身が経験した時点と今とでは、時代や状況が異なっています。そのため、その成功体験をそのまま当てはめても既に現状とずれが生じています。よく「過去の成功体験にとらわれる」といいますが、もし、ご自身の成功体験を活かしたいと考えるのであれば、成功体験をそのまま当てはめるのではなく、過去に自身がなぜその方法を選択したのか、その時なぜそう思ったのか、という体験した際のプロセスを現状に当てはめて活用することで、回答が現状に近づいたものになります。

そしてもう一つ、ご自身が過去に上司にされて嫌だったこと、おかしいと思ったことは決して部下に対してしないようにすることです。「私の若いころはこうだった」と、若手への修行として、ご自身が嫌だったことを部下に要求する方がいらっしゃいますが、会社は中学や高校の部活ではありません、既に述べている通り、部下には仕事を「やらせる」のではなく、お願いするものなのです。

このような行為は自身の評判に悪影響を与えるだけです。

社員教育は企業の要です。

世の中には、学歴の高い人材のみを採用して「自社は優秀な人材が揃っている」と勘違いされている社長も多いと感じます。学歴の高い方は、確かにそれまでの人生で勉強という部分に対して、その努力ができることが保証された人材ではあるでしょう。

しかし「それまでの人生で」なのです。この優秀な人材も社内で教育をして育てていかなければ、あっという間に無能と言われる人材になってしまいます。また、この優秀な人材を登用しなければ腐らせてしまいますし、意識の高い人材は他社へ流出してしまうことは必至です。人材は生ものなのです。

山本五十六の言葉には更に続きがあります。

「やっている、姿を感謝で見守って、信頼せねば、人は実らず」

いかがでしょうか、ここまで部下を育成してみませんか。

コラム④　部下から見ると色々な上司がいます

私が、サラリーマン時代にはやはり色々な上司がいました。中でも印象に残っているのはこんなタイプの方々です。

1．せっかちな上司

ある時、上司と私が2人で打ち合わせをしている最中に、外部の業者に対して、急ぎではないのですが連絡しておく必要がある案件が出てきました。

その案件に続けて別の案件の打ち合わせをし、打ち合わせの終了間際にその上司はこんなことを言ってきました。

「さっきの件、もう電話で連絡した？」

私は、びっくりしました。その案件も含めて、今、一緒に絶え間なく打ち合わせしていたはずなのに、どう電話しろというのでしょう。

「今まで、ずっと一緒に打ち合わせしていたじゃないですか。当然、今からですよ」

私は、それだけいうのが精一杯でした。

この上司は、話し易い方でしたので良かったのですが、この後も、似たようなことが頻繁にあり、その都度、力が抜けました。

2．部下の置かれている状況を見ていない上司

1と少し似ているのですが、別の上司ではこんな経験がありました。

ある日、帰宅準備をして今から帰宅するという時（すでに夜でした）に、上司から一週間後の納期で業務を依頼され、そのまま帰宅しました。しかし翌朝、私は出勤前に事故に遭って肋骨を骨折してしまい、そのまま病院送りとなりその日は会社を休むことになりました。

翌日、私は体にコルセットを巻いて出勤すると、そのまま上司のもとに向かい昨日の状況を報告して席に着きました。すると数分後、上司は私に声を掛けこう言いました。

「一昨日の帰り際にお願いした資料、できた？」

上司から見れば、昨日一日の出勤日があったため、時間が経っているように感じたのでしょうが、私から見ると、昨日は病院で処置のため休んでいますので、業務の時間は、依頼されてからまだ数分しかたっていないのです。しかも、納期までまだ6日ありました。「この人は部下の状況をあまり見ていない人だな」ということをつくづく感じました。

この方は先程の上司とは異なり、話し難いタイプの方でしたので、私は
「今からすぐ手を付けます」
とだけ答えたのを覚えています。

3．マイクロマネジメント型上司

このタイプはどこの会社でも度々みられるタイプだと思います。一度業務を依頼されると果てしなく業務の幅が広がってしまうだけでなく、重箱の隅の方まで事細かにチェックする上司でした。とても頭が良い方で、彼は彼の上司から何かを聞かれた際に、なんでも完璧にこたえたいというタイプでしたので、本質と違うところまで細かく確認や指示を受けました。口調もエリート然としていましたので、部下も「何でも言われるとおりにやりますので、全部指示してください」と思ってしまう方でした。


ある12月の出来事です。同僚が夕方、私に話しかけてきてこんなやり取りがありました。

「高坂さん、今年は部署の忘年会はやらなくていいですか？」

「いいよ」

「ついさっきまでは、上司に業務の報告をする際に、ついでに忘年会の話も出そうと考えていたのですが、業務の報告をしているうちに、この人とは飲みたくないと思っちゃいました」

そして、この年はそのまま忘年会は開催されませんでした。

これは想定していなかったことでしたので、私の記憶にとても強く残っています。

しかし、恒例行事もなくなるくらい部下がコミュニケーション取りたくなくなっていることに、本人は気づいてはいませんでした。

部下は、上司からマイクロマネジメントをされると疲れ果ててしまうのです。

4．部下を守り助ける上司

ある時、私は取引先で先方の役員の方から、ある漠然とした内容の大きな協力要請を受けました。
その場では「難しいな」と感じながらも、持ち帰って社内で検討する旨を先方に伝えました。
帰社後、その内容を上司に報告し、現時点での可能な限りの協力案を取り付け、先方への返答の準備をしました。後日、先方の役員の方と面会し、協力体制について伝えたところ、
先方は突然
「君の会社の商品など簡単に取引中止にできるんだぞ」
と、怒り出してしまいました。理由は、当社の協力内容が、先方が期待していたものに到底届いていないからでした。

帰社後、事の顛末を上司に直ぐ伝えると、彼は

「先ず、俺が先方に会って話をしてくる。今回の話は担当者のレベルを超えている話だ。お前は、先方に対する直接の担当者だから、今回のことで行き難くなると今後、担当者として辛くなる。今は俺に任せろ。俺ならば先方から悪く思われても、問題ない」

そう言って、取引先に向かいました。

その後、何度かやり取りをし、結局は当社が更なる協力をすることで収まったのですが。私は「この人は、部下にとって本当の上司だ」と感じた出来事でした。

皆さんは、部下にとってどんな上司ですか？

９．マニュアルはどうあるべきなのか

現在では、どこの企業でも様々なマニュアルが作成されていると思います。しかし、これらの考え方について悩まれている企業も多いのではないでしょうか。

「これらには、どこまでの深さの手順を記載したらよいのか」「マニュアルの拘束力は、どの程度にしたらよいのか」などバランスが難しいのだと思います。マニュアルの内容は、企業理念や企業文化に即したものでなくてはいけませんし、業務が標準化されるような理想的な物であってほしいという思いもあります。

一方、理想と現場で起こっている現実との間にはギャップがあることが多く、マニュアルを作成しても守られないケースも散見されます。

マニュアルは基本的にはその内容を守ることで、同じ仕事であれば誰が実施しても比較的同じレベルで業務ができるように作成されるものです。しかし、実際に業務を実施する際には、社内外の様々なアクシデントや制約条件が発生し、必ずしもマニュアルの通りに実行できるわけではなりません。

逆に、アクシデント発生時でもマニュアルを決まりとして頑なに守ることをしてしまうと、むしろ合理性を欠いてしまうことさえ発生します。マニュアル人間という言葉が悪意で使用されているのはこのためです。では、マニュアルの作成や運用はどの程度の物であれば良いのでしょうか。

次のような考え方で進めてみてはいかがでしょうか。

① その業務を実施または、品質を維持するに当たって、必ず行うべき最低限の内容のみを記載する
② どうしてもやってはいけないことを併せて記載する
③ ①②が最低限の内容であるため、よほどのかけ離れたアクシデントがない限り必ず守る
④ マニュアルに記載のないことは、それぞれ状況に応じて臨機応変に対応するように心がける

マニュアルは、本来は基本的なことが記載されている内容のはずなのですが、だんだんと細かい内容に入り込んで記載されるようになっていってしまったり、例外ケースがふんだんに盛り込まれるようになってしまったりしがちです。

こうしたことが起こる心理には「マニュアルに書かれていることは守らなくてはいけない」という考えから発展して「マニュアルに書かれていることしかしてはいけない」そして「イレギュラーな事態も書いておかなければ実施できない」へと意識が変わってしまう際に発生しているのです。

この現象が時に「マニュアルを守っていれば他はしなくても良い」という考えを持つ従業員を発生させている要因でもあります。また、細かくなりすぎることで「どうせ守れないのだから最初から無視する」という逆のケースも発生してしまいます。

さて、①~③の考え方は「マニュアルは最低限の内容の物であるので、ここから先は自身が現場の状況に応じて業務の仕方を考える。最低限なのだからこれだけは守る」というシンプルな定義です。

これにより、従業員に考える場と裁量を与え、顧客や製品に対してより良いものが提供・製造できるように、主体的に考える人材を養うことで、活きた組織を育てていけたら良いのではないでしょうか。

ＩＴの進化など、時代に合わせて業務の内容も変化していくと思います。最低限のマニュアルとはいえ見直しは必要です。必ず定期的に見直しを行うことで、現実からかけ離れていかないように注意を払ってください。また、社内のコスト削減のための施策などで、マニュアルが影響を受けてしまう可能性も考えられます。最低限のマニュアルですから、これが維持できないような人員数となってしまうことは避けなければなりません。

作業の方法や仕組みを工夫することで、削減された後の人員で同様の業務の実施、品質の維持ができるのであれば問題ありませんが、これを脅かすこととなった場合には、必ず人員を増やして充てることが必要です。これを怠ると、事故やクレーム、不正の原因となってしまいます。

経営層はこの最低限を脅かすような無理な人員削減、経費削減は避けるように、よく現場と話し合って進めることを肝に銘じておく必要があります。

【第3章まとめ】

現場のマネジメントはどうしたら良い？

1. 部下に対しては部下と同じ視点で接する
2. 部下の価値観を認め自身との違いを受け入れる
3. 開示可能な社内情報はすべて部下に流す
4. 部下の能力を分析し、強みが活きる業務を任せる
5. 部下の功績を自身の上司に分かるように伝える
6. 部下を叱る、褒める際には誰であろうとも同じ基準で行う
7. 部下へ業務を依頼する際には『その目的・結果・効果』を同時に伝える
8. 部下の育成は、やってみせて、言って聞かせて、やらせて褒める
そして、話し合って、傾聴し、認めてあげて任せること
9. マニュアルは、最低限守るべき内容に限定して作成し、それ以上は従業員に裁量を与える

第４章　組織について考えてみる

１．働きやすい組織は分かりやすい構造

組織の形態は戦略策定と同様、シンプルで分かりやすいものにすることが理想です。

従業員が組織図をよく読み込んで、様々な部署とのつながりを想定して、散々考えてようやく理解できる、もしくはそれでも理解が難しい構造では、そもそもその組織が動くとは思えません。

また、組織構造自体は理解ができ、理論としては美しいのですが、実際に運用する際に、それでは回らないような組織構造というのも時々見かけます。どんなに優秀な組織デザインでも、従業員が理解しがたい、あるいは動きにくい構造では機能することはありません。

現在は業務が高度化し、事業の規模も大きくなっている会社も多いため、様々な事業や部署が広がり、それをつなぐためにどうしても組織が複雑化しやすくなります。また、それに伴い、組織の高階層化も発生しやすくなってきます。

これらの構造は、次のような問題を引き起こし企業の活性を失わせていきます。

① 高階層により、トップの意向、発言がトップダウンの途中に歪む。あるいは情報が省略されていき、発言の内容や意図が現場に正しく伝わらなくなる

② ①と同様に、現場の意見がトップマネジメントに届くまでに歪んでしまう。また、届くまでの時間も遅く、場合によると届かない

③ 管理部署、あるいは調整部署などの間接部門要員が増加し、従業員当たりの生産性が低下する

④ 組織の存在目的が、企業理念や戦略の実現から、組織の管理を目的とすることにすり替ってしまい、顧客や現場の対応に関する問題解決ではなく、組織維持のための業務を進める傾向が強くなってしまう。それにより、現場からの乖離や本来必要な対応への対策が置き去りにされ、不要な企業内部の対応のためのコストが上昇しやすい

⑤ どの部署に情報を送ったらよいのか、また、どの部署と連携を取ったらよいのか不明な事案が多く、様々な所で情報や仕事が浮いてしまうため、問題が先送りになりやすい

⑥　従業員が組織を理解しにくいため、組織のルールを調べるための時間が増えてしまい、円滑に仕事が進まない

⑦　組織の煩雑化により、調整業務が大きな負荷となり、新しいことへの挑戦意欲が削がれる

組織を複雑化させる際には、これらの懸念事項について、よくよく覚悟して実施することが必要です。ただし、どんなに優秀な人材が組んだ秀作な組織デザインであっても、従業員が理解しがたい構造は組んではいけません。全従業員のＩＱが２００近くあるわけではありませんので、これだけは、最初から成功しないことが目に見えています。

では、どうすることが望ましいのか。それは、シンプルな組織形態では対応できない状況となってきた際には、分社などをして組織を分け、それぞれの組織がシンプルであり続けられる体制を取っていくことです。そうすることで、トップダウン、ボトムアップの阻害要因も減らすことが可能となり、労働生産性も高めることができます。

シンプルであることが、効率的でスピード感のある経営を達成するための有効な手段なのです。

2. 組織変更を頻繁に行うということ

組織変更を頻繁に行う企業があります。確かに変化のスピードが速い現代においては、戦略、戦術の変更やオペレーション上の問題の改善のため、組織の変更を検討する頻度が高まっていると思います。

現場で問題となっているオペレーション上の問題解決のために、小規模の組織変更を頻繁に行うことは、現場対応という観点から必要なことだと思います。

一方、戦術の変更を検討する際には、現在の組織形態の中で可能な計画の修正、変更を行うべきであり、安易に組織を変更すべきではありません。まして、大規模な組織の変更をする際には、戦略の大きな変更が発生した場合に限定すべきです。

そもそも戦略を大きく変えるということは、会社の命運を大きく左右する出来事ですので、頻繁に起こるはずはありません。もし、戦略が頻繁に変更する企業があるとするならば、目指すべき目標がぶれている、もしくは、思い付きのように戦略が検討され「ちょっとやってみて、うまくいかなかったら変えればいいや」という個人事業的な運営がされている企業です。

組織を変更するということは、名刺や引っ越しなど、目に見える費用が上昇することはもちろんですが、新組織が順調に機能するまでの期間の『目に見えない費用』もばかになりません。

そして、頻繁に組織を変更することの最も大きな問題は、従業員の不安や諦め感を醸成してしまうことです。従業員がこれを持ってしまうと、会社の戦略も、トップダウンの指示も、機能しなくなってしまいます。ボトムアップの提案も減少し、最初のうちは優秀な従業員は周りを鼓舞しようとしますが、やがて意見しなくなっていきます。

このような組織で従業員が感じているのは「どうせ、思い付きで戦略を立てているのだから、今やっていることもそのうち方向転換してしまい、無駄になるのだから、やっているふりをしていればいい」です。実質的なことは今まで通り進め、形だけ新たな組織形態で運営しているように見せかけるように、無理に仕事をはめていきます。

そのため、組織変更は最低限にして、大きな組織変更時には「変更の目的、予想効果の全社員への徹底」が必要です。

またその際には社長や、組織デザインの設計者が、各部署に対して直接説明していくことも重要になります。

3．責任と権限を一致させるということ

組織のバランスを保つためには、権限・責任・報酬は一致するようにし、必ず守らなければなりません。

当然、多くの企業では組織や人事制度を作成する際に、これらは一致するように作られています。

本来、そうでなければ、組織は成り立ちません。

しかし、実際の運用の現場になると、これらが守られていないことも多いのが現状ではないでしょうか。

プロジェクトを発足させたが、本来そのリーダーとなるべき役職者が不足している、または適任者がいないなどの理由で、その一つ下の職位の従業員にプロジェクトを任せる。

この時点で権限よりも負わせている責任が大きいのですが、ここで一時的に権限を与え責任も負わせ、プロジェクトを何とか乗り切り成功させるケースが結構あります。日本の組織の場合、権限は職位紐づいていることが多いため、本質的には責任だけ負わされている状況となってしまいます。

このようなことが発生した場合、その後の対応が非常に大切です。この場合、責任者は本来一つ上の職位の業務を全うすることになります。当然、次の昇格者の対象となるはずですので、直ぐ次の機会に昇格させる必要があります。ところが、プロジェクトが終了すると「ごくろうさま」と何事もなかったかのように、ただ元の業務に戻し、彼ではなく年功序列や、側近の人を昇格させる。あるいは、彼を異動させてうやむやにしてしまう。場合によっては、そのプロジェクト自体の成果も上の人が持っていってしまうなど、といったことが発生しやすいのです。

『コラム②』のケースのように、そのままこの状態が恒常化していくこともまれにみられます。これが起こると従業員は疑心暗鬼になり、組織を信用しなくなります。当然、仕事に対しチャレンジングな行動を起こすことはなくなり、組織は衰退に向かって動き出します。

このような事態は巧妙に進められますので、人事担当者やトップには知れることなく、原因不明の志気の低下が発生していると受け止められます。これは、残念ながら原因を追究してもなかなか発見することはできません。

トップはこういったことが起こらないように、自身の身を律して姿勢を示さなければなりません。また、このようなケースをもし発見した場合、原因を究明し運用者を必ず罰すること、そしてプロジェクト実施者を救済することを忘れてはいけません。そもそも、プロジェクト責任者実施中も職位は前のままだったのですから、報酬（給料）は一致していません。

別のケースとして、職位相当のプロジェクトを部下に任せたが、上司が権限を一部しか与えないことも多く見られます。これでは、プロジェクトを進める上での議決案件が上司の許可を取らなければ進みません。そのうちに、プロジェクトメンバーは彼を飛ばして、上司に直接許可を取るようになり、彼はただの伝達係となってしまいます。

ひどいケースでは、そのうちに上司が直接指示を出し始めて、部下にプロジェクトを任せたが駄目だったという評価をしてしまうことも発生します。

上司は必ず、責任に応じた権限を与えなければなりません。上司のエゴや見積りミスで部下に必要な権限を与えずにプロジェクトがうまく進められなかった場合は、彼の失敗ではなく上司自身の失策なのです。

このような事項が頻発する上司は適任ではありませんので変更が必要です。

4．一人が管理できる適正な部下の人数とは

日本の企業を見ると、管理職が直接抱えている部下の人数は1～70人など様々ですが、やはり、人間には管理する人数に限界があります。

本書では、リーダーの姿について様々な視点で述べていますが、これらの内容も、ある程度の人数を超えるととても実施することはできません。人数が増えれば当然、情報量や人格の種類、協業相手の数も増えていきます。

これらが増えることの負荷は、足し算ではなく掛け算で増えていきますので、人数増加に伴う管理職の負荷は計り知れません。

では、どのくらいの人数であれば現実的に可能なのでしょう。やはり、最大6名程度が適切な人数です。経営学の本などでは10名と書かれているものも見受けられますが、ただ単に業務を分配して進捗を管理するだけであればこの人数でも可能ではありますが、人を育てる、モチベーションを上げるとなるとやはり人の心の動きを重視していかなければなりません。家族でも1世帯4～5人が多いと思いますが、その家庭を管理していくのも大変ではありませんか。この人数を超え始めると部下の間でグループができ始め、コントロールが難しくなります。

まして、50人、60人の直接的な部下となると、もう仕事の割り振りや、勤務管理、精算承認などをしているだけの庶務的な管理になってしまっているだけです。

確かに、１人の管理職が多数の部下を管理することで全体の管理職の数を減らすことができ、組織の階層も低くすることができます。しかし、管理職本来の業務ができないのであれば、人は育ちませんし、人材の発掘や公正な評価もできないでしょう。

その結果、アピール型やゴマすり型の社員が蔓延し、いつしか優秀な素地を持っている人材の流失を招いていくのです。

【第4章まとめ】

組織について考えてみる

1. 組織の形態はシンプルで分かりやすいものにする
2. 組織変更は最低限に抑え、頻繁に行わない
3. 職務の責任と権限、役職は一致させなければならない
4. 部下の人数は6名程度までが適切である

第5章　人事と人材の関係について

1．ジョブローテーションはどの階層からスタートするのか

日本企業は多かれ少なかれ、ジョブローテーションを行ってきました。

これから、拡大する企業、縮小してスペシャリストを養成する企業、それぞれの戦略に基づいて変化させていくことでしょう。

その中で、ジョブローテーションを初めて実施する、部門内で実施していたものを部門間に拡大する際に最初にすべきこと、それは、各部門の部長級の管理職から実施することです。

慣れない企業がジョブローテーションを実施する際に行ってしまいがちなのが、手始めにといった感じで、若手や中堅の従業員から異動を始めてしまうことです。部長や課長、係長などが他の部署の経験をせずにスペシャリスト的な見方をしたまま、他部門から異動してきた若手や中堅の従業員の教育をすることになっても、どうしたら良いかわからずに、その部署に配属された新入社員と同じ教育を始めてしまうことが多いのです。

確かにその部署の専門的なことはわかりませんので、その部分は最初からの教育は必要ではありますが、

驚くことに挨拶の仕方や名刺の出し方などから始める企業も多いのです。これには、異動して来た従業員は少しバカにされている感覚を抱くに違いありませんし時間も無駄です。ましてや、営業部門から企画部門への異動してきた従業員は白けることは必至です。

このような状況ですから、異動者をその部署の新人と同じキャリアで考えることも多く、例えば他の部門で5年経験した従業員は、6年目の従業員であるにも関わらず、1年目という見方を無意識にしてしまいます。その年数の数え方はそのまま変わらず、その部署に5年いた場合、入社10年にでも5年生といった感覚を持たれ続けます。上司の方が他の部署での経験がないために、過去の経験はなかったかのように扱われてしまうのです。

これは、なぜ起きるのか。それは、上司自身が部門間異動をしていないことだけが原因ではなく、異動者が少数派であることも挙げられます。異動先の部署には、異動者よりも入社歴の長い社員も多く、その部署だけ経験している人がほとんどです。

異動当初、まだその部署での仕事のスキルが低い状態の異動者と、その部署に長いこといる人との見た目のスキルを比較してしまうため、それを引きずって行ってしまうのです。

異動者は当然、他の部署で得た経験と新たな部署での知識、経験を掛け合わせて幅広い視点で物事を捉えます。業務を理解し始めると、その部署だけにいた従業員や上司が、思いつかないような案や、経験したことのない視点で意見を述べたり、実行することができるようになり始めます。

本来は、企業としてはこれは狙っている効果の一つなのですが、上司自身の経験や発想になく、部署としての前例もないため、なかなか意見は受け入れられることはありません。むしろ、意見が強ければ生意気な奴と避けられることも出てきます。

また、この他に、先述のイメージとして持たれている年数、あるいは自分の部署で新入社員から育てた従業員へのかわいさから、昇格のタイミングについても、自部署での子飼い従業員を優先させてしまいがちです。そうなると、異動をして苦労して視野や経験の幅を広げたことが、むしろ異動者自身の昇格・昇給にはマイナスとなっていきます。

当然、部門の異動をせずに同じ領域の知識を積み上げていくほうが楽ですし、年月が経てば先輩面もしていけます。

部門間の異動者は、異動時に教えてもらうことが多く、その部署での同年代や後輩たちに腰を低くして教えを請わなければなりません。以前の部署にいた時のように先輩面ができるようになるまでには数年掛かってしまいます。

そうまでして、成長しようとしているのに、人事上マイナスになってしまっては、モチベーションを保つことは難しいことです。

また、ジョブローテーションに乗っている従業員は、更にその後もローテーションしていきますので、このスパイラルは続きます。

図２　異動者の昇格・昇進のタイミングの差

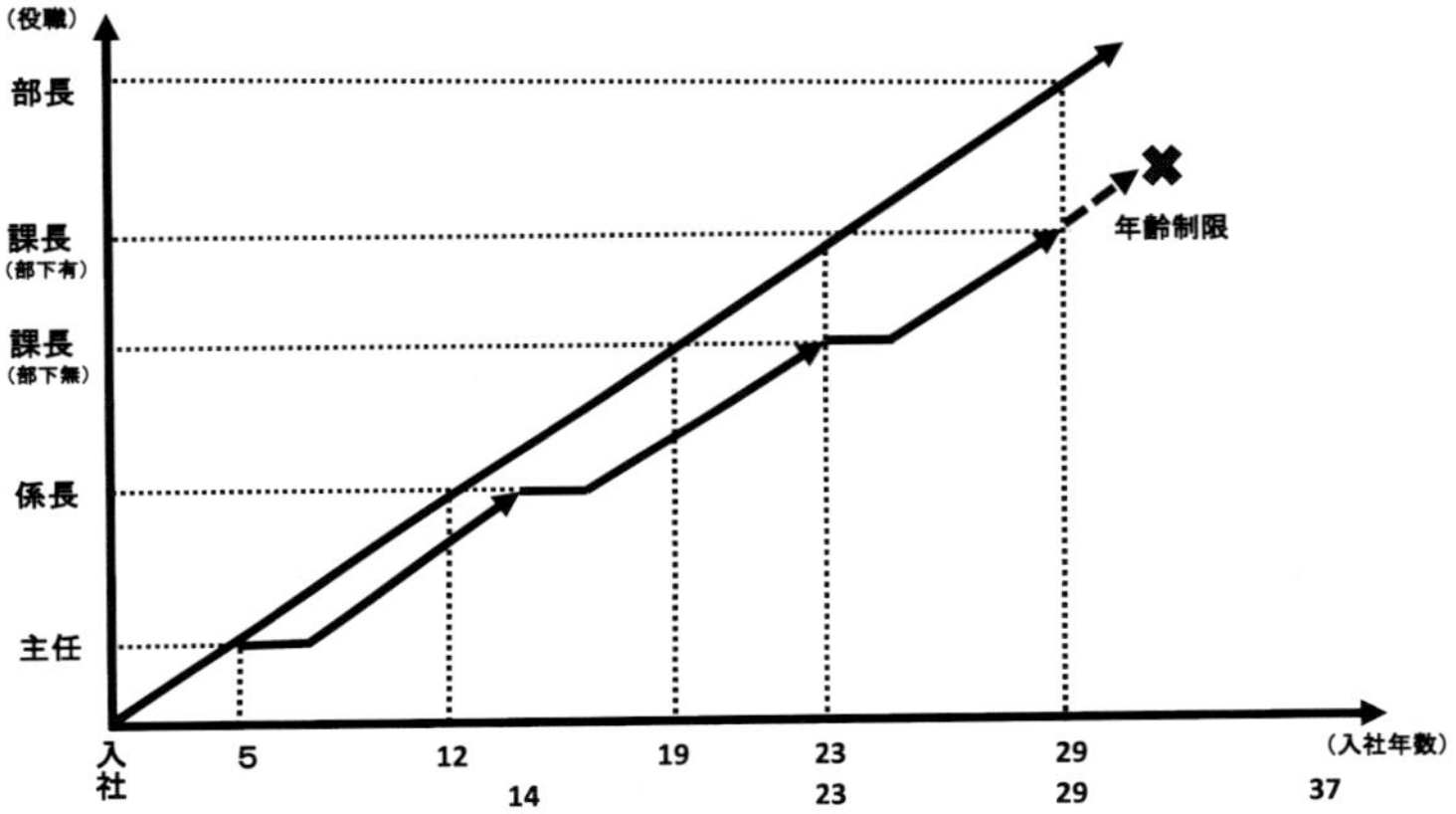

最悪なのは、遅れながらも昇格のタイミングが回ってきた辺りで、昇格前にまた異動してしまうと、また次の部署でゼロからスタートとなり、全く昇格できません（次の異動先部門が、自部門の昇格推薦予定者を後回しにして、全く知らない異動者をすぐに昇格の推薦をすることは考えにくい）。

その間に、異動せずに同じ部門に居続けた同期などが何段階か昇格してしまい、追いつくことができなくなってしまいます。そして、いつしか他の部署からは仕事ができなくて昇格しない人のような見方をされていき、異動先の部署でも、前部署が不要なため放出した従業員のように受け止める可能性も高くなります。

残念ながら、このような理不尽が起こっている状況も人事やトップが自然と知ることは難しいと思われます。調査をする必要がある何らかのきっかけが発生し、よほど掘り下げていかないと見えてこないと思います。この状態では、それを端から見ているほかの従業員も疑問を感じ、やがてジョブローテーションに応じなくなり、そのうちに企業自体がジョブローテーションを止めてしまいます。

「このようなことが本当に起こるのか」と思われる方もいらっしゃると思います。しかし、こういったことは実際に企業内で発生していることなのです。

人事担当責任者は、このような悲劇を起こさないように、先ずは職位の上位者から順に、ローテーションを行い「部門、職種が変わることとの業務面の大変さ」「部門を移動したことがない人との人間関係」「視野が広がることによる物の見方の変化」「人事面でのシステムの調整の必要性」など、発生する影響を調査して、その対応を練りながら下の階層に広げていく必要があるのです。

ジョブローテーションでは、もう一つ導入時に検討しておきたいことがあります。

できれば最初の配属部署、もしくは二つ目の部署など、現場である程度のスペシャリストとなってからローテーションを始めることです。

入社２～３年で異動を開始して、ずっとそのスパンで異動をしていると、確かに様々な部門を経験はできるのですが、自身のよりどころが何処にもない薄いゼネラリストとなってしまいます。

薄いゼネラリストになると、どうしても本質を踏まえていない、あるいは現場に即していない論理や戦術を実施したり、人間関係が希薄であったりすることが見受けられます。

業界ごとに、ある程度のスペシャリストになる年数は異なるとは思いますが、一つのことである程度のレベルまで達し、しっかりとした軸を持っておくことで、現場感覚があり、確固たる自信を持ったゼネラリストが育成されるのです。是非「自分はゼネラリストではあるけれども実は専門はこれ！」という人材を育成していきましょう。

一度ジョブローテーションを開始したならば、ぶれないことが大切です。動き始めてから途中でキャリア開発計画を作成して運用してみたり、うまくいかなそうだからとすぐに止めてはいけません。

ジョブローテーションは他社がやっているからやるのではなく、自社の企業理念の実現を目的として、必要な人材を育てるためにじっくり検討し、開始してください。

開始するとすぐに、そのシステムで人生が変わり始める従業員がでてきます。人を上の階に挙げておいて、突然梯子を外してしまっては、その人たちの人生は狂ってしまいますし、他の従業員も従わなくなります。

良くなかった部分は修正を加えながら、そして対象者には救済処置を与えながら、ぶれずに、継続して実施していくことが必要です。

2．自社の人材を発掘していく

従業員の教育は企業の要ですが、もう一つ忘れてはならない視点が人材の活用です。

即戦力となる優秀な人材を世に求めて採用し、活用することも一つの手段ではありますが、これはなかなか思うようにいくことではありません。そういったことを考える前に、自社の人材をどのように活用するのか、日頃どのような点に注意しておくべきなのかを考えていきましょう。

皆さんの会社にも『優秀』と言われる従業員がいると思います。経営者がどのような姿勢で『優秀』という評価をしているかによって優秀の基準は変わってきますが、一般的に優秀な人と評価されているのはある程度のアピールをする、アピール型の人材である傾向が強いと思います。

上司の観点からすると、アピールされた主張や実績はわかりやすく、また、アピールするくらいの人材でなければ、人をまとめられないと考えるためそのような評価をすることは自然なことでしょう。

しかし、人には様々な性格があり、プライドの持ち方も様々です。本当に能力が高い人、あるいは、特定の部分にずば抜けて能力が高い人のほとんどがアピール型であるのかというと、そうではありません。むしろ、アピール型ではないタイプにこういった人材が多く眠っている可能性があります。

非アピール型の人材にはこんな人がいます。

①　普段はアピールもせず、自身が高いレベルで仕事をすることが標準だと思って仕事をしている人

②　特定の分野では、他に追随を許さないが、逆に他の部分では標準より劣る部分がある人

③　自身は、高いレベルで仕事をしているが、それをアピールすることはレベルの低い人のすることで、

当然、上司や会社は仕事の結果や内容をみて正当に評価すべきと考えている人

④　普段は標準的な業務遂行だが、いざという時に高い能力を発揮して結果を残す人

企業は社内で埋もれているこういった人材を積極的に探し出さなければなりません。

恐らく彼らの多くは、管理部門ではなく現場に近い部門にいる可能性が高いため、常に気に留めて業務上のチャンスを与えていくことが大切です。

こういう人材は、企業がただ待っていても発掘できません。現場に探しに行くのです。現場の人は、能力の高い人が誰なのか本当は気づいています。ですから、現場の上司は優秀な人を登用するようにしなければなりません。

しかし、ここで問題となることはアピール型の部下の場合は、常に部署内外にアピールしていますので、その中である程度の実績がある者は評価せざるを得ない状況があり、評価、登用しますが、非アピール型の優秀な人まで登用すると、上司の心理としては「自身のライバルを更に増やしているようなものだ」と考えてしまうことです。そのため、存在に気が付いていても素直には登用できないことも多いでしょう。

この壁を低くするために、優秀な人を発掘した上司を評価する体制を整えなければなりません。また、非アピール型の優秀な人材に気付けないなど、適正に評価が行えない上司の場合には、役職をチェンジせざるを得ない場合も出てくることを考慮しておく必要があるでしょう。

次に問題となるのは、非アピール型の優秀な人材を発掘して登用しようとしても、社内の昇格・昇進試験の合格基準がは、従来のアピール型をイメージしているために、せっかく推薦しても昇格試験に合格できないという場合があります。これを避けるために、非アピール型の登用も視野に入れた、試験の評価体制を導入する必要があることにも注意が必要です。

ここでは、非アピール型人材の発掘を中心に述べていますので、アピール型人材の登用が悪いかのように受け止められている方もいらっしゃるかもしれませんが、決してそれを否定している訳ではありません。アピール型人材は昇進・昇格の対象とされやすいので問題は少ないのですが、注目されにくい、非アピール型人材をアピール型人材と同じ土俵で評価する必要があることを強調しているのです。

アピールは才能の一つではありますが、それを中心に能力を判断してはいけません。あくまでも才能の一つとして評価すべきです。ご自身の部下と日々しっかりとコミュニケーションを取り、注意深く部下の能力を見極めてください。

『能ある鷹は爪を隠す』

本質的に優秀な人は、本来は自身のアピールを好みません。昔から、優秀な人材は出てくるのを待つのではなく積極的に探し出すものなのです。つい、他社で既に有名になっている人材や、実績を残している人材を引き抜こうと動いたり、アピール型の人材で管理職をそろえたくなってしまいますが、自社の従業員の才覚をよくよく観察してみてください。思っているよりも様々な才能を持っている人がいるはずですし、本質的な事柄を見据えて当然のようにしっかりと業務を行っている人が必ずいます。

見つけ出しましょう！自社の宝を。

3．管理職候補の資質を見る

管理職を登用する基準は企業によって様々ですが、考慮にあたっては、次のような事項を基準に入れるようにするとより良い人材を登用することができます。

① 基本的な挨拶・礼節ができているか
普段、上司・同僚に対して、また、後輩など目下の人に対しても挨拶や礼儀ができているかどうか。

② 候補者について同僚、後輩がどのような評価をしているのか
慕われている。尊敬されている。仕事ができると思われている。

③ 社内でどのような人と付き合いが深いか

人徳者と付き合いが深いか、仕事に誠実な人と付き合いが深いか。

④　業者への対応の仕方

発注企業や下請け企業などに対する対応は、顧客の取引金額の差によって態度を変えていないか

取引先の担当者の職位によって態度を変えていないか。

⑤　身の回りの整理整頓ができているか

机の周りや棚などの整理整頓、備品の管理などができているのか。

これらは、候補者が仕事に対して全体を見て仕事をしている人物なのか、上だけを見て仕事をしている人物なのか、どのような人間性なのかを見極めるための重要なポイントです。

特に職位の上位者に対して、礼儀として接している人なのか、ゴマをするために持ち上げているのか、①や⑤でしっかり見定めてください。

しっかりとしたプライドを持って仕事に臨んでいる人であっても、長期間同じ企業に勤めて職位が上がってくれれば、気持ちが緩んで横柄になりやすいものです。ましてや若いうちからこのような要素が不良であると、管理職となった後にどのような行動が始まるのかは想像に難くないでしょう。

実績だけで昇進・昇格させるスタイルの企業の場合でも、この点は今後の注意ポイントとして確認しておくことは必要です。

一方、管理職に登用したが、次のような問題が見られた場合、早期に管理職から外す必要があります。これらは放置や対応の遅れがあると、社内従業員のモチベーションが低下していきます。低下は更なる低下を招き、いずれ社内に蔓延します。禍は芽のうちに摘んでおくべきです。

① 社内外の人から人望がない
② 部下から信用されていない
③ 部下の評価に明らかな偏りがある
④ 能力や実績に基づかない人材推挙をする
⑤ 色々な人の意見を聞いてしまい、決断できない。または、決断がぶれ、組織をまとめられない
⑥ 部下の業務の細かいことに介入し、部下が疲弊している

しかし、本人の能力が極めて高いため、活用はしたいというニーズが出てくる場合があると思います。この場合は、部下無しの管理職として残すことも考えられます。

なぜなら、彼を能力が高く個として活用する場合、社内でのパートナーや折衝相手が管理職となることが多くなります。業務を遂行するために同じ管理職でないと業務が停滞する可能性も高く、また、本人のモチベーション維持のためにも、この場合はこの選択も止むを得ません。

ただし、あくまでも能力が極めて高く、管理職以上の仕事を遂行する必要がある場合に限定しないと、不要な管理職が増加し、有能な管理職および、一般従業員の不満の原因となりますので、通常は降格を検討すべきです。

４．組織を構成する人員の組み合わせ

新たな組織を作る時や大きな人事異動をする際に、どのように人員の構成を検討されていますか。やはり年齢構成や経歴などを参照して組織の人員を組み立てることが多いのだと思います。私が見てきた企業でも多くの場合は年齢を階段式に揃えて、似たような経歴の人を集める。あるいは、全く異なる経歴の人を集めるといった企業が多く見受けられました。いずれの方法を取るかは、その組織が目指す方向により異なりますが、ここで考えていただきたいのが次の二つの組み合わせです。

①　組織リーダー性格の差によるメンバーとの組み合わせ

リーダーの性格は、やはりその組織の雰囲気や方向性、スピードを左右します。

同じ性格や考えを持ったメンバーで組織を構成すると、行動する際に「熟慮がなく勢いで進んでしまう」「石橋をたたいてもなお渡らない」など、組織としては好ましくないグループの文化が醸成される場合があります。

この現象を予防するために、新たな組織や人事異動でリーダーとなる従業員に対して、その反対の性格を持っている人員を数名程度、メンバーとして配置する必要があります。

実際の人数や、リーダーとの職位の差などは、構成する規模などにより異なりますが、メンバーの意見が組織内の考えとして考慮されるように、バランスが取れる構成にしておく必要があります。

例えば、せっかちで相手の考えや自身が行動した際の影響などを考えずに直ぐ行動してしまうタイプのリーダーには、理論的で慎重なタイプの部下をメンバーに加えること。そうすることで、少し部下の意見を聞いてからでないと安直には動けない環境を作り上げ、慎重すぎるリーダーに対しては、考えるよりも行動タイプの人材を部下に入れておくことによって行動せざるを得ない状況が生まれるようにするなど、ある一定方向に偏らないようにバランスをとることなどが考えられます。

人間の性格は、トレードオフの関係にあるものが多く『ジャイアン』と『のび太』の気性が同一人物の中に共存できないように、Aという気性であれば正反対のBという気性は存在できないものです。

そのため、他者との組み合わせによって、組織人格として適切なバランスがとれるように人員を配置する工夫が重要なのです。

②　組織メンバーの強みと弱みの組み合わせ

マネジメントの章でも述べましたが、グループ内のメンバーを有効活用するためには、全員に均等に同じ仕事を振り分けようとするのではなく、各人員の強みの部分に重点を置いて仕事を任せることが重要です。

その際に、各人の弱みの部分が他者の強みの活用で埋めることができれば理想的です。組織を組み立てる際にここまで考慮することは難しいかもしれません。しかし、目指せるのであるならば、ここは人事の際に押さえておくと、成功する組織へと成長していく可能性は高まります。

5．優秀な人材はどの部署でも優秀なのか

「優秀な人はどこの部署に行っても優秀だ！」

よく聞く言葉です。また

「彼は優秀だと聞いていたのに、うちの部署に来てみたら大したことないな」

これもよく聞く言葉です。

果たして、本当に

「優秀な人材はどこの部署に行っても優秀なのか」

これには実は前提条件があり、その前提が成立している状況下であるならば、優秀な人はどこに行っても優秀であり続けます。しかし、その前提条件が欠けてしまうと、本当は優秀な人であっても「大したことなかった」という評価がされてしまうことも多いのです。

では、その前提条件とはどのようなものなのでしょうか。

【即戦力としての前提条件】

① 直前、または以前に所属していた部署の経験が、多く利用できる部署である

過去に経験した業務を発展させて利用する部署や、それらを管理する部署ならば即戦力としてその能力を発揮することが可能です。

② 個人のスキルとして積み重ねてきている能力が活かせる部署である

①と同様に、彼が今まで利用して来た能力と同じ能力を利用して行動できる部署であるならば、今までと同様に能力を発揮してくれます。

これを見て、皆さんも当然のことと思われたと思います。これら二つの条件が揃っていれば、優秀な人は他の部署に行っても同様のパフォーマンスが発揮し易いために優秀さを維持します。

しかし、これらの前提が成立していない状況下で即戦力としての能力を求められた場合には、どんなに優秀な人でも、即時には同じパフォーマンスを発揮することは難しいことは、多くの方にお分かりいただけるのではないでしょうか。

「大したことはなかった」という評価はこういった前提条件が成立していないにもかかわらず、過剰な期待を寄せてしまうことで短期間で早尚な評価をしてしまうために発生するのです。

では、即戦力として活用できる条件が整っていない時とはどのような場合があるのでしょうか。

よくあるケースとしては、営業職から研究開発職、技術職（その逆も）など、現在と職域が大きく異なる分野への異動や、国内部署から海外担当部署などへの言語の変化を伴う異動などです。

このような時には、新たな知識や技術を習得しなければ業務が進まない領域が多く、過去の経験やスキルを活用できるようになるまでにはかなりの時間を要します。これは、いくら優秀な人でも例外ではありません。

例え優秀な人であっても、異動者には新しい知識や言語を習得している期間は、次のようなことが起こっているものです。

① 一つ一つの作業に莫大な時間がかかる

異動当初は、業務自体に対するスキルそのものが足りない上、業務内容についてその意図をよく理解していません。そのため作業の進め方などについて自身だけで判断できないことが多く、同僚や上司相談しながら進めるためにどうしても進捗が遅くなってしまいます。

② 成果物の仕上がりが平凡、または、期待したレベルに達していないものになる

①の理由により、業務が中々進まないため、初めての業務内容そのものが頭の中を大きく占めるようになっていきます。そして、その人が本来持っている強みの部分を考える余地が少なくなってしまい、その人の能力であれば容易に考えられる筈の事前策や見極めが考慮されないまま業務が進んでしまいます。その結果、成果物のレベルが下がってしまします。

③ 成果物の内容が意図が伝わりにくいものになることがある

②と関連して、期限に間に合わせるために、できるだけ作業の工程や資料の記載などを簡素化しようとします。そうすることで成果物に対して説明不足な部分が多くなってしまい、人に伝わりにくいものになってしまします（これは、特に異なる言語を使用する部署に配属された場合には、起こりやすい内容です）。

しかし、時間の経過と共に、職場の同僚との人間関係もでき上がり、業務への理解も高まっていきます

のでこういった問題は解決されていきます。

優秀と言われる人は基本的には、問題意識を持って仕事をするタイプが多く、物事の本質を見てそれを解決するための努力を惜しみません。先程の問題が解決されてくれば、次は過去の経験と現在の業務を組み合わせて考えることができるようになりますので相乗効果を発揮します。そして頭角を現してくるのです。

上司は、この条件が成立していない状況で、すぐに能力を発揮することを期待して評価をしないこと。まして、思ったような成果が出なかったからといって、直ぐに他の部署に異動させるなどといったことはしないように注意をしてください。

そう、時間的な猶予があれば、優秀な人材はどこの部署に行っても優秀なのです。皆さんは、短期的に見てその人の能力を評価していませんか？

６．挽回の仕組みをもっているか

ある程度の規模の企業になると、人事部が独立して方法が仕組化されて、昇格・昇進、キャリア開発計画、研修計画などの制度が整ってきます。

これらの制度は、決めたとおりに運用されることが前提となって作成されている仕組みです。しかし、大企業でもこの制度の運用の段階で、部門ごとに意図的に解釈を変える、または、部門ごとに昇進・昇格・

キャリアプランに対する温度差などが生じてしまい部門ごとに格差が生じるなど、現実的にはなかなかうまくいかないことも多いと思います。

例えば、制度のハザマや制度変更などのタイミングの犠牲になってしまい、実力・実績では当然、昇進・昇格すべきであるのに、部門や部署の昇進・昇格への解釈や、メンバー構成など、様々なファクターが重なることで、昇進・昇格の推薦がされず、むしろ、それほどの能力・実績でもない人の方が先に昇進・昇格してしまう。また、先述した、ローテーションの罠にはまってしまう。不幸にもこれらすべてが数年発生し、何年も放置されてしまうなど、逆転現象も起こっていると思います。

こういったことが起こっても、基本的には制度の原則を守って運用がされているはずだという前提を崩さずにいると、やがて、人材の流出が起こります。

現在の制度の不備に気づき頻繁に修正を加える企業もありますが、制度を全社的に同じ視線に合わせるのには時間とコストが非常に掛かります。更に変更後の視線が合う前にまた制度が変更となる場合もあり、なかなか本来の目的が達成できません。

また、その度ごとに新たにハザマにはまってしまう従業員が発生し、以前の制度ではまってしまっていたハザマからようやく脱出できそうになっていたのに、新しい制度で『また』はまってしまいなかなか抜け出せない場合もあります。

これでは、従業員自身も将来のキャリアプランを立て難くなってしまいます。

その結果、せっかく苦労して構築した制度も、従業員から見るとなんとなく年齢と運だけで昇進・昇格するような感覚を持ち始めます。

これらの問題は、性善説だけで制度をどれだけ考えても解決することはできません。解決するためには、このような問題は必ず起こるのだということを覚悟して、挽回できるための、飛び昇進・昇格制度など人事の仕組みの中に取り入れておく必要があるのです。

不運で昇進・昇格が遅れてしまった人が挽回して、先ずは本来のステージに追いつくことができること。最低でもこの制度を組み込んでおかなければ、優秀な人材は早い段階で流出させてしまうことになりかねません。

たとえ挽回できたとしても、本来のタイミングで昇進・昇格した場合に比べ、挽回するまでの賃金差や精神的な苦痛は残ってしまいますが、本当に優秀であれば、更にもう一度この制度を活用して本当の意味で挽回することもできます。

この制度も元々ある制度がうまく運用できていない状況下では、結局、本来挽回すべき従業員が推薦されず、他の従業員に活用されてしまう可能性も考えられますが、最初からこの仕組みそのものがないと挽回する方法そのものがありません。そのため、優秀であるのに不運に見舞われた従業員の、未来の可能性を狭めてしまいます。

もし、この仕組みが組み込まれていない人事制度を運用している企業は、早急に導入すべきこと項です。

想像できないかもしれませんが、優秀な人材であっても、異動や人員構成、上司との相性などで、思っているよりも簡単に不遇になるものなのです。

元々設計している昇進・昇格制度がうまくいかず、更にこの挽回制度を追加しても似たような問題が頻発する場合、それは、制度そのものの問題ではなく、企業風土や社内体制が問題である可能性が考えられます。

その様な場合は、企業自体の姿勢を見直す必要があります。早い段階で企業トップを中心とした企業風土の変革など別の対応を検討しなければなりません。

会社を傾けないように、早めの対策を打ちましょう！

7．人材育成・研修制度の考え方

研修については、何らかの形でかなりの会社が導入されていると思います。社内の研修、外部での研修を計画的かつ定期的に実施している企業も多いと思います。

しかし「当社は様々な研修をしているが人が育たない」という話をよく聞きます。

研修は、本人が日頃から何か切実な思いを持っていて、そのことを解決するために自身で探して受講したものは効果を発揮する場合がありますが、会社から用意された研修については「その時は理解したつもりになったが、職場に戻りいつもの生活に戻るとあっという間に、いつも通りに戻ってしまった。結局、知識がついただけ」ということがほとんどです。

やはり、人が成長するにはどうしても時間がかかり「一度だけ聞いた。経験した」だけでは本人に定着しません。その後は職場での、研修のフォローアップが重要になります。

研修を受講した従業員の上司が事前に研修の内容を把握して、研修から戻った部下がその内容を使わざるを得ない仕事の与え方をすることができれば、研修も速攻性かつ継続的な効果を生み出していくことができます。

また、マネジメントの章で記述しましたが、部下の現在の実力よりも少し高いレベルの仕事を与えることを併せて日々の業務を行うことで、だんだんと成長していくことができます。

トップの章でも人材についての記述をしていますが、人材育成という観点から考えると、一番の肝となるのは、自社の企業理念を実現するにあたって、将来どのような人材がどのくらい必要なのかを明確にしておくことです。

必要となる人材も様々な種類があると思います。そのためにすべての従業員を同じように育成するのではなく、個人の適性、得意分野や希望に合わせていくつかの種類で育成していくことになります。

この基本的な考え方を持たず、やみくもに他社が行っている研修や、世の中で流行っている教育システムを導入しても、自社に必要な人材が育つ可能性は低くなる上に、一貫性を持った教育はできません。

人材育成に必要なのは、自社が必要とする人材像を設定し『計画的に』『一貫して』『継続性を持って』育成することなのです。

人材の育成には時間がかかりますが、これなくして企業の成長は望めません。研修も資金に余裕がある時だけ実施しても意味がありません。企業は、必要とされる製品やサービスを世の中に提供するだけではなく、必要とされる人材も世の中に提供する存在なのです。

良い製品・サービスを提供するのと同時に、将来を担う有望な人材を輩出することで共に成長していくのです。

【第５章まとめ】

人事と人材の関係について

1. ジョブローテーションは、上位者から実施する
2. 自社内の優秀な人材はアピールしてくるのを待つのではなく、企業自ら探し出す
3. 管理職へ登用する際には、人格をよく見据えてから行う
4. 一つの組織単位内にはリーダーと対照的な性格の部下を配置する
5. 優秀な人材は、前提条件がそろった環境であれば、他の部署でも優秀となり得る
6. 昇格・昇進制度には、挽回の仕組みを入れておく
7. 研修は自社で必要な人材像を見据えて『計画的に』『一貫して』『継続的を持って』行う

第６章　海外子会社への対応

１．海外子会社をどう考えるか

いまや、企業の事業規模を問わず、海外での事業の展開は普通のことになってきました。実際に海外進出で頭を悩まされている方も多いのではないでしょうか。

「日本の本社から多くの役員を派遣して運営しているが、現地の商習慣が理解できない」

「現地の従業員がなかなか思うように動いてくれない」

「せっかく、手取り足取り教えたのに、一人前になる頃には現地のライバル企業へ転職してしまった」

このように日本ではあまり経験していなかったことに直面する機会が多いと思います。

言語の違いや、文化、宗教の違いの壁は大きいものです。言語の壁は解決できても文化の壁を解決するためには相当な努力が必要です。

するとやはり、海外の子会社を経営していくためには、現地の法人は現地の国籍を持つ人に経営や運営をお願いすることが一番です。

どうしても、距離が遠くなると心配になって、側近の日本人に経営を任せたくなってしまいますが、苦労が大きい割には運営がうまくいかないものです。マネジメントの章で部下の価値観を受け入れるマネジメントを心がけることについて述べましたが、宗教の違いや文化の違いは、数人の日本人だけではとても受け止めきれないことだと思います。

もちろん、その国への進出開始時点では、日本から出向した日本人の子会社社長とそのブレーンで立ち上げていくことになるでしょう。しかし、その後は現地などで人員を採用し、経営層を育てていくことで各国の経営が自立していけるようにすることが大切です。

各国固有の商習慣や従業員の賃金相場など、その国で解決できるものはその国の中で、商品やサービスのカスタマイズの必要があれば現地で変更が可能なように権限を与えて極力任せる。これによって、本当に現地で必要とされているものを迅速に対応することができるようになります。

また、自国内で解決できる裁量が多ければ従業員が日本本国をそれほど意識しなくなります。そうなると、企業グループ内の無用な争いやトラブルを避けながら現地従業員のやる気も引き出すことができるようになるのです。

では、どのように現地経営を任せられる人材を選んだらよいでしょうか。

現地で即戦力として経営を任せられる人材を見つけられれば良いのですが、これはかなりハードルが高いことです。

やはり、最初は自社で採用した人材を、ある程度時間をかけて本社で育てた後に、帰国させて経営を任せることがよいでしょう。

子会社の立ち上げのために現地にいる日本人幹部が育てるという考え方はありますが、現実的には立ち上げの際には業務の負荷が重く従業員を教育をできる環境ではないはずです。

また、開拓者と人を育てる人は性格的に別の人であることが多く、その観点からも適切ではありません。

採用についても現地と日本の両方で実施する場合も考えられますので、同じレベルの教育を行うためには、やはり本社での教育の方が適しています。そして、彼らが育てば、次の人材は彼らが本社と協力して育てる。この繰り返しを行うことによって現地の経営力を上げていくことになります。

そしてもう一つ、このモデルを実現させるためには、海外との大きな文化の違いを乗り越えなければなりません。それは、転職の防止です。

海外法人での苦労は、各社共に似たような経験や問題を抱えています。そのため、優秀な人材を確保するために各社ともある程度の人材には、現在よりも高額な報酬で引き抜きが行われています。

また、海外では転職によってスキルや職位、報酬を上げるスタイルも一般的な仕事のスタイルの一つであるため、日本人のような抵抗感を抱かずに転職が行われます。これらの防止は非常に頭を悩ませる問題です。

しかし、考えてみてください。我々人間は、果たして報酬の高さだけで動くのでしょうか。生活していけないような報酬ではさすがに困りますが、ある程度の収入が手に入れば、居心地や生きがいも重要なウェイトを占めてくるはずです。

では、高額な報酬という誘因に勝つことができる物は何なのでしょうか。

それは他でもない、その企業が従業員を大切にしているかどうかということです。

海外子会社の経営層は、日本の本社がどの様な体質であるのかを知っています。彼ら自身が本社に対して従業員を大切にする企業であると感じていれば、自身も自分の部下を大切にします。その結果、海外子会社の経営層は、自身の行動も含めてその組織に所属していることに誇りを感じてくれるのではないでしょうか。

海外の子会社を育てることは、結局は、日本の本社の姿勢がどれだけ人に寄り添って人材を大切にする経営を行っているのかが大きなポイントとなるのです。

人は自分を大切にしてくれる組織に対して、自分もその組織を大切にしようと思うのですから。

2. 海外子会社を自立させる際に注意しておくべきこと

前項では、海外子会社は現地国籍の人員に任せるということに触れましたが、そうは言っても個々の現地法人も企業体としては本社と同じグループであることは忘れてはいけません。

個々の現地子会社が、完全に別企業のように活動してしまっては、グループとしては非常に統制が取り難くなり、何のための海外進出であったのか分からなくなってしまいます。やはり、そこにはある程度の一体感は必要です。

そこで、海外子会社の経営層育成や継続的な研修では、次のような基本的な事項を明確に示すとともに、必要に応じて繰り返し話し合いを行うことが必要です。

① 自社の企業理念を明確に伝える

本社の社員と同様に、自社の企業理念や経営ビジョン、将来の夢を共感してもらえるまで繰り返し、繰り返し話していくことです。

もし、どれだけ伝えても共感してもらえない場合は、苦渋の選択にはなりますが、経営層の候補から降りていただくほかありません。ここは企業グループの根幹となる軸です、受け入れられなければ同じ船に乗ることはできません。もし、伝わっていない状況のまま経営を任せてしまうと、その子会社に別の企業文化が生まれてしまいます。

企業文化が異なると、グループとしてまとまりを持たせていくことに非常に苦労を要しますし、問題が起こった際の対応のスタンスなどが異なってしまう可能性があります。企業グループとしての一体感を持たせ、自社の存在意義がぶれることの無いように、ここは、何としても理解してもらえるように熱く伝えるべきところなのです。

② その国への進出の目的は何であるのか

海外進出は、もちろん売上高の増加や利益の確保などが主たる目的ではあるのですが、それを実現するに当たって、何のために自社がこの国に進出するのか、何をしようとしているのかを伝えなければ、ただ単になんとなく営業をしてしまいます。場合によると、自社（本社）が元々目指していた方向とは異なる方向へアクセルを踏んでしまうことにもなるでしょう。

「主要取引先が海外へ進出することに伴って、取引先と同じ国に進出する」「海外への販路拡大を狙って、先ずは近郊である国への進出」「低賃金を利用した生産コスト削減のため」「いずれその国の市場規模が拡大することを想定しての先行投資」「全世界へ展開する際のその地域での拠点として」など、その国へ進出することの本当の目的をはっきりさせておく必要があります。

色々と妥協しているうちに、いつしか本来の目的を見失ってしまい、進出することが目的となってしまうようなことにならないよう、ここは、必ず明確にして子会社の経営層に伝えていく必要があります。

③ 現地国の子会社をゆくゆくはどのようにしたいのか

進出の目的と連動している内容ですが、現地企業をどのように成長させ、どのような企業にしていきたいのか、グループ全体の中でどのような位置づけにしていきたいのかなどを適切に伝えることが重要です。

「日本での主要取引先以外の現地国の企業や、その国に進出している他国の企業にも販路を拡大して国際化する。海外展開のための一大拠点としていく」などを示すことで、現地経営層はその完成像の実現に向かって、そこに多くのエネルギーを注いでくれるようになります。

④　企業グループとして②や③を行う理由

これは、当然②や③を伝える際に本来は必ず出てくることですが、そもそもなぜグループとして海外進出、対象国への進出を行うのか。進出の目的と完成像の理由を伝えておきましょう。

「企業グループ全体の中での現地子会社の戦略的な位置づけ」「業界や地域内での現地子会社の位置づけ」など、全体像の中で対象国において事業を行おうとした理由を共有すると、現地子会社経営層は「企業グループ全体の中に、自身がメンバーとして参加しているのだ」という認識を持つことができるようになります。そうすることで、彼らは子会社だけのことを考えて動くのではなく、企業グループの中で自身が貢献すべきことの意味を理解して動くようになるのです。

⑤　企業グループとして決して行わないこと

企業理念に反することや手を出さない領域など、どうしても踏み込んではいけないことがある場合には必ず徹底することが極めて重要です。

先述の通り、これらの事項は最初の育成教育の時に伝えればよいというものではなく、権限委譲後も継続的なフォローが必要です。

①については、国内本社の従業員と同様に繰り返し、ことあるごとに伝え続けることで意識を薄れさせないことが非常に大切なことです。

また、②~④については、現地への進出を行って時間が経過するにつれ、業界の変化や、想像していたよりも成長が見込まれてくるなど、変化が起こってくることと思います。

そのため、海外子会社との日々の連絡を密にとることによって、これらの内容を共に変化させていくことが必要となります。

次に、現地子会社に対する権限委譲のスタンスについてどうするかです。

皆さん『スマイリーフェイス』というマークをご存知だと思います。日本では『ニコちゃんマーク・スマイルマーク』などと言われています。

「黄色の○の中に黒の目が二つ。そして口が一つ」という条件。たったそれだけで様々な表情を表現しているマークです。このマークはこの条件が揃えばどんな表情や顔のデザインであっても『スマイリーフェイ』として認められるそうです。

どうしても譲れない基本的な顔の構成部分のみを守り、その他は描くものに任せる。しかし、これだけ自由度を持たせてもやはりスマイリーフェイスとしてちゃんと成立しているのです。

その結果、スマイリーフェイスは様々な人々によって様々なデザインが作成され、世界的にとてもポピュラーなマークとして成長したのです。

企業も同様に『先程の①～⑤の事項』をスマイリーフェイスの基本条件として、後の部分は現地経営層を信じて権限委譲して任せる。こういう度量を持って運営していくことが海外で成功するための鍵なのではないでしょうか。

【第6章まとめ】

海外子会社への対応

1. 現地の国籍者に経営、運営を任せるための体制を作る
2. 自社の経営理念、進出の目的、将来像、決して行わないことを、しっかりと現地経営者と共有し、他は任せる

第7章　企業と人に関する概論

ここまでの各章では経営者や組織・人事、マネジメントなどについて個々の視点で述べてきました。最後となる本章では、これまでの各賞の内容を踏まえながら、企業と人の心の関わりについて概論的に述べていきたいと思います。

1．組織に必要な要素とは何だろうか

組織を成立させるための三要素は『共通目的・貢献意欲・コミュニケーション』であると言われています。

これは、アメリカの著名な経営学者『チェスター・バーナード』が提唱した理論です。彼は、電話会社の社長在任期間中（１９３８年）に『経営者の役割』という本を出版し、その内容は一躍脚光を浴びました。以降彼の提唱する、この組織の三要素は、現代に至るまで様々な場所で活用されています。私も、この切り口はさすがに確信をついていると感嘆させられます。

私は、この三要素を動かすための原動力として、更に『評価』を追加することによって、より組織が活

動的になるのではないかと考えています。『評価』は言い換えると『昇進・昇格・給料』など『報酬』であるとも言えます。

では、この四つを企業の活動に当てはめてみたいと思います。

① 共通目的

企業全体で考えた際には『企業理念』に当たります。この経営理念を共通の大きな目標（旗印）として「これを実現するために、経営層、従業員が個々の業務を分け担っているのだ」という共通の認識が必要です。

この旗印は、誰もが共感できるような内容であることはもちろんのこと、夢や希望、誇りを与えられるようなものであることが望ましいです。だからと言って、きれいな言葉を並べても実現からかけ離れたような内容であっては、白けてしまうだけで意味がありません。これは、トップが自社をどのような企業にしたいのか「そうなることを本気で願っている」というものを高らかに掲げてください。

また、トップはこの経営理念を実現させるための理論と、自身が日々行っている行動が一致するようにしなければなりません。

従業員は、トップの言行の一致やその姿勢を見よく見ています。たとえ、目先にある有力な市場があり、自社がその市場に参入すればすぐに利益を確保することができる商品、サービス、あるいは技術を持っていたとしても、企業理念に合わない市場や領域であれば、決して参入してはいけません。

心が揺れるかもしれません。しかし、どうしてもだめなのです。参入すれば、短期的には利益を確保できるかもしれません。ですが、同時に大きなものを失ってしまいます。企業理念に反する行動をしてしまえば、もはや企業理念自体が崩れてしまいます。

そうなれば、経営層、従業員が目指すべき共通の目標を失い、どこに向かって進めば良いのか分からなくなってしまい、いずれバラバラになってしまいます。

世の中を見てみると「この企業があの商品を作って販売すれば絶対売れるのに！なんでやらないのだろう」ということがありませんか。　そう、そういう商品の中には「自社の企業理念と合わないため」という理由で参入していない場合もあるのです。

忘れてはいけません。企業の存在の最優先の目的は経営理念の実現であって、目先の利益の確保・増大ではありません。利益は、経営理念を実現するための有力な手段の一つであるだけなのです。

トップが自社の存在意義、そして目指すべき道が明るい未来となるような経営理念を立て、そこに向かって行動することが、皆の共通目的を確固たるものにするために大切な要素なのです。

②　貢献意欲

これは、一言でいうと『やる気（モチベーション）』です。企業の目的に共感して「会社の目的実現のために」「所属部署のために」また「周りの人がうまく仕事が進められるようにするために」といった意思の力です。

人は、基本的には自分が勤めている会社を悪くするために働こうと思っている人はいません。こう考えると、従業員の貢献意欲がマイナスであることはありません。その度合いの問題です。貢献意欲の強弱は、従業員の志の高さにも関係してはいますが、もちろんそれだけではなく、企業に対する愛着度なども影響を与えています。

「上司が部下の意見に対して耳を傾ける姿勢を持っている」また「目的のために頑張った部下が批判や失敗の危機に遭遇した際に、上司は部下を守る文化である」「自社は情報をしっかりと現場にまで伝えてくれる」など、会社に対する信頼感があればあるほど愛着度は高く、貢献意欲は高まります。つまり、これは企業文化と極めて親和性が高い項目なのです。

また、個々の従業員で見てみると、貢献意欲の高さは、はたから見て表立ってはっきりとわかる人と、内に秘めて静かに考えを巡らせていて目立たないタイプの人がいます。

先ず、企業は日々従業員をよく観察して「こうした方が良い」「ここは改善したい」など問題意識をもって自社に貢献したいと考えている意欲の高い人を探し出し、目立つタイプだけではなく、内に秘めているタイプの従業員についてもリーダーとして育成していくことで、周りの従業員への正の波及効果をもたらしていくことを心がける必要があります。

③　コミュニケーション

これには、個人同士の上下と横のコミュニケーションと、組織対組織のコミュニケーションがあります。当然のことですが、コミュニケーションが取れなければ、情報の伝達がされずに情報はブラックボックス化され、様々な判断に影響を与えてしまいます。

第二次世界大戦時の日本軍の上層部の話を前述しましたが、あのように盲目な状態で競合と戦うことになってしまいます。

コミュニケーションは、貢献意欲の高まりと似て「上司（会社）が部下の言うことに耳を傾ける」「会社が従業員に対して公開できる情報をすべて伝えてくれる」など、会社が素直で透明性が高いと従業員が感じている状況であるときには、スムーズに進められます。

逆に「部下が上司に報告をしている最中に、上司が部下の話を遮って意見を言い始める」「自社は従業員に対して情報を教えたがらない」など、従業員の心が後ろ向きになるような要因がある場合には、従業員も持っている情報がどのように伝わるのか不安になりますし、気分的にも後ろ向きになります。

その結果、次第に「情報を出さなくなる」あるいは「愚痴のコミュニケーションがとられるだけ」といったマイナスのコミュニケーションが支配するようになってしまいます。

コミュニケーションを良好にするためには最初は先ず、会社がオープンであること。そして人の上に立つ人それぞれが、人の意見に対してよく傾聴することが何よりも基本なのです。

④　評価

これは、組織『成立』の三要素を、組織『継続』の三要素へとしていくための大きな要素です。人は自身が頑張ってきたこと、これから向かっていくことが、その結果自身が報われるのかどうか、これによってモチベーションが大きく変わります。

これは、評価が公正に行われ、信賞必罰が実施されているかどうかにかかっています。評価の結果、昇進・昇格または報酬が与えられれば、当然モチベーションは大いに上がります。

仮に失敗によって降格などが起こっても公正な評価であり、挽回の制度があれば、再起しようと頑張ることができます。

これは効果として、貢献意欲とコミュニケーションをより促進させることができます。組織を継続的に維持していくためには、この評価という要素を考慮しておくべきなのです。間違えても、好き嫌いや過去の人間関係で評価を変えるようなことをしてはいけません。どんなに一見正当そうな理由を付けても、はたから見れば自分に対する言い訳にしか見えません。現在の企業では、この部分が見えなくなってしまっていることが多いのではないでしょうか。

組織を成立させるためのこれらの要素は、普段は企業内にいると、それぞれの部門や役割といった観点から組織を考えてしまうため、なかなかこの視点で考察することはありません。

しかし、部門や役割を取り払った時、すべての根本は個々であったことに気づきます。あなたが誰かと二人で会社を立ち上げたことを想像してみてください。先ず、二人で何を目指してどのような会社を作るかを考え、二人で常に話し合い、目的の実現に向かってお互いに励まし合い、頑張るのではないでしょうか。組織がどうとかあまり関係がないはずです。これが企業の組織の原型なのです。

規模が大きくなると見えにくくなってしまいますが、常にこの三つあるいは四つの要素が、バランスよく機能しているのかを気にかけながら、経営を続けていくことを忘れないように心がけてください。

２．変化に対応していくためには

現代は環境変化のスピードが速くなり、頻繁に変化に対応しなければならない時代になってきています。本来、人は変化に対応することは苦手です。本能的には現状のままでいたいと考えてしまうため、なんとなく変化を感じていても気に留めないようにしてしまい、いつの間にか対応が遅れてしまうことも多々あります。

変化の現象の多くは、先ず、最初に現場で見られるはずです。この情報を現場の人がいち早くキャッチして、上層部へスムーズに伝わるような仕組み「風通しのよい環境」が必要です。

また、トップ自らが頻繁に現場に出ることを行っていれば、現場の従業員から直接情報を入手できる確率も高くなります。

これらの内容については、既に本書で述べて参りました。

では、変化をキャッチした際には、どのようなことを考えていけばよいのでしょうか。大きな流れは次の通りです。

① 変化と感じたその現象は何であるのかを正確に把握すること（企業内部の変化なのか、外部の変化なのか）

② 現象を把握した結果、求められる自社の対応は何か

③ その対応をするための自社の機能は何か（どこか）

④ その機能が変化に対応することは可能か、可能であれば直ちに対応する

⑤ 不可能であれば対応するために必要な課題は何か

変化が発生した際に、④のような対応が可能であるならば、できるだけ早く対応することでビジネスチャンスを逃すことは少ないと思いますが、⑤となってしまった場合には、時間がかかります。

しかし、この場合には、むしろ社内を見直す良い機会でもあります。ここは、諦めずに粘り強く、解決のための工程を踏んでいきましょう。

先ずは、問題点を細かくすべて洗い出しましょう。洗い出された問題点は、すべての原因がばらばらと

いうわけではなく、恐らく幾つかの関連したことが起因する問題であると思います。それをまとめて、いくつかの課題を見つけ出します。

次に、この課題に対しての解決策を見つけていくのですが、ここで課題の解決方法と同時に考えて欲しいのが、そもそも、その課題が本当に今回の課題なのかということです。対応しなければならない事実の本質を考えて、本当に対応しなければならないことは何であるのかを深堀して欲しいのです。

バリューエンジニアリング（ＶＥ）という技法があります。公益社団法人日本バリューエンジニアリング協会（以下ＶＥ協会）の定義では「ＶＥ（Value Engineering）とは、製品やサービスの『価値』を、それが果たすべき『機能』と、そのためにかける『コスト』との関係で把握し、システム化された手順によって『価値』の向上をはかる手法」と書かれています。

定義ですので書き方が少し難しいのですが、考え方としては現在の製品を改良したり、コストを削減したりして新製品を出すのではなく、現在の製品やサービスが、本来どんな目的のために作成されたのか、その目的のための『機能』を分析し直して、その目的が実現するための方法を洗い出すことによって、別の方法で実現できないかと考えていく手法です。

現在、世の中にある製品は、ある目的を達成するための手段の一つでしかないはずです。他にも同じ目的を果たす手段が存在する可能性は高く、またこれによって、材料自体も今までの物とは全く異なる材料を使用することができれば、コストを削減することができる可能性もあるのです。

革新的な商品であるため、販売価格は現在の製品よりも高く販売できるにもかかわらず、原価は安い。そのため、当然利益は高い商品となる。このような効果を上げることを目指すのが、バリューエンジニアリングです（仮に原価が上がってしまったとしても販売価格の上がり方の方が大きければ利益は上がる）。

ＶＥ協会のホームページの中に『指示棒』が事例として挙げられています。従来品は、我々も昔よく見た金属製の棒の先に矢印のような部品が付き、何段かに伸縮する仕組みになっていて、使用する際には距離に合わせて伸ばして使うものです。この製品の本来の目的（基本機能）は、説明者が資料中で説明している部分を指し示すことです

掲示した資料の説明している所がわかればよいのですから、必ずしも金属製の伸縮式の物である必要はないわけです。この発想から、いまではすっかり主流となった『レーザーポインター』が生まれてきたのです。

このように「そもそも」という原点に返って課題を考え直すことで、課題が別の課題になり、全く別の解決策や、より本質的な改善方法が見つけることができる可能性があるのです。

もちろん出てきた課題の直接的な解決策を考えることも並行して進める必要があります。どちらかが解決すれば変化に対応していくことができることは言うまでもありません。

今回は分かりやすくお伝えするために商品を例に説明しましたが、バリューエンジニアリングは商品やサービスだけではなく、組織や、経営にも当てはめることができる手法です。

図３　環境変化の発生と対応へのフロー

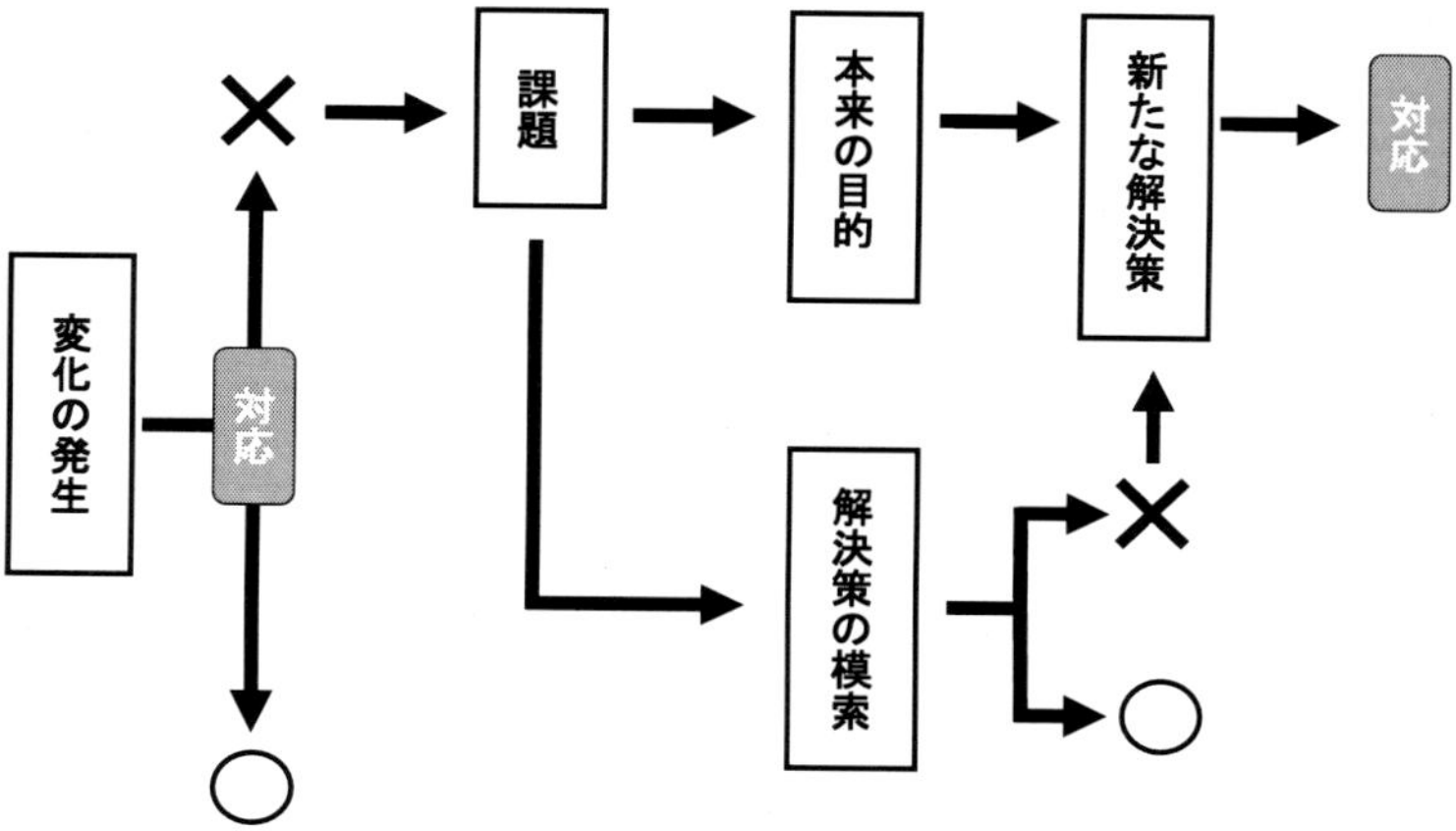

大きな変化に対応しなければならない時や、問題にぶつかってしまった時、従業員の力を結束して「そもそも」という機能の本質を考える努力を行うことで、新しい道が開けてくるのではないでしょうか。

コラム⑤　バリューエンジニアリングとの新たな出会い

私が、バリューエンジニアリングの重要性に気が付いたきっかけは、ある経営関連セミナーに参加したことでした。当日、講師の中の一人が、暫く経営に関する基本的な話をすると、話の途中で受講者にこんな質問を投げ掛けました。

「以前、名古屋城の金の鯱を塗り替えるという案件が発生したことがあります。その際に行政が塗り替えのための見積りをすると、実施するためには数億円の費用がかかることがわかりました。作業には鯱を一度地上に降ろす作業が必要であり、大規模な作業が必要です。ところが、行政が準備できた予算は、その半分の金額でした。果たしてこの状況を　行政はどのように解決したのか、皆さん考えてみてください」

会場では

「業者にほかの工事とセットで発注して、大幅な値引きを依頼する」「そもそも、鯱を降ろさずに、職人が上って作業する」「塗布する金の質を落とす」

など、様々な意見が飛び交いました。

講師は、ひとしきり意見が出終わった頃合いを見計らって、行政のとった行動について話し始めました。

「行政は、業者に無理をさせて値切ったわけではありませんし、鯱は予定通り屋根から降ろしました。ポイントはその後です。この鯱を展示して、来場者が有料で触れるようにしたのです。こうして、集まったお金は不足していた金額を大幅に上回り、無事に鯱の塗り替え案件は終了したのです。塗り替えのために降ろす鯱は、どの道その後、塗り替え作業がされるため触っても問題はない物であること。更に、名古屋城の鯱を触れるチャンスなどはほとんどないため、『触ってみたい』というニーズを創出できること。

これらをマッチングさせて解決したのです。皆さんの意見の多くは、大幅に予算オーバーしている費用に対して、何とかコストカットをすることで予算内に収めようとするものがほとんどでした。意見を聞いているうちに、いつの間にか予算内に費用を抑えることが目的となってきている様子が窺えました。しかし、よく考えてみてください。本来の目的は、予算内に費用を抑えることではなく、鯱を塗り替えることだったはずです。コストを削減することだけが解決策ではなく、もっと他の視点の採決策が存在するはずなのです。重要なのは、本来の目的を見失わないことです。実はこの話は、バリューエンジニアリングという技法を考える際の有名な事例の一つです」

私は、それまでバリューエンジニアリングの概念自体は知っていたのですが、技術的な技法のひとつとして考えていたため、あまり実践的に活用するという発想は持ち合わせていませんでした。この話が、実話なのかどうかはわかりませんが、私にとってこの講義は、バリューエンジニアリングという考え方が、経営を考えるうえでも忘れてはいけない心得の一つとして、新たな出会いとなった出来事でした。

3．問題の種に気づくために

外部環境の変化というのは、自社でコントロールすることができないため止むを得ないことなのですが、企業内部の環境は自社でコントロールできます。

しかし実際には社内でのちょっとしたことが原因で後々問題となることが起こる場合があります。

社長の見栄で購入や投資してしまったものなどが、やがて大きな問題となってしまうケースもたびたび見受けられます。

歴史上のこんなエピソードがあります。

中国の昔、殷王朝に紂王という王がいました。彼は頭が良く弁舌が優れた王で、就任してから徳のある政治を行い名君と言われていました。

ある時、紂王は象牙の箸を作りました。しかし、そのことを知ったある部下の箕子（叔父）が、このことをひどく心配していました。

周りの同僚たちは箕子に

「なぜ箸くらいでそんなに心配しているのだ」

と質問すると、箕子はこう答えました。

「象牙の箸を使うとなれば、いずれ素焼きの器では満足できなくなり、玉の器を使いたくなるに違いない。象牙の箸に玉の器で食事をするとなると、今までの質素な食事では満足できなくなり、山海の珍味を集めて乗せるようになるだろう。食事がこのように豪華になれば、質素な衣服や質素な家では満足できなくなり、豪華な衣服や広くて高い宮殿が欲しくなるに違いない。このような感じで、象牙の箸に端を発して、それに釣り合うものを求めていけば、いずれは国中の物を集めても足りなくなってしまう。恐れているのはこのことだ」

少しずつ贅沢になっていく紂王に対して、箕子は度々贅沢を止めるように諫めましたが、彼は受け入れることはありませんでした。

この後、箕子の心配した通り、紂王の贅沢な暮らしぶりは加速していき、後世に『酒池肉林』という言葉ができてしまうほどのレベルにまで達してしまいました。

当然、政治を顧みなくなり国は荒廃していき、やがて太公望を擁する周の文王に滅ぼされてしまったのです。

大きな問題の引き金は「たかだかこんなこと」というほんの小さなことから始まります。

皆さんの会社は自社の資産を使って、見栄や趣味で「たかだかこんなこと」ということをしていませんか。

世の中の動きが不安定なこの時代、何が起こるかわからないのです。自ら内部の弱体化となるような種は植え付けないように注意が必要です。

また、この様なトップの問題だけではなく、社内の動向についても目を光らせておく必要があります。トップは自社内にこのような驕りの傾向や不可解な人事に気付いたならば、芽のうちに摘むことを徹底しておくべきです。「この程度なら」と見過ごすことが、後々大きなダメージを受けるリスクを、お金をかけて育てていることに気付かなければなりません。

4．活きた組織を育成するということ

経営の三要素は『ヒト・モノ・カネ』といわれます。最近ではこれに『情報』を加えて、経営の四要素『人・物・金・情報』とすることも多くなってきました。

これらの要素は、一見するとどれもとても大切な要素であると思いますが、果たして同格の要素なのでしょうか。

確かに企業を始める際には四要素は必要です。必要という観点からは四要素の定義は間違えてはいないと思います。しかし『物・金・情報』はそれ自体だけでは価値を生み出さないのに対し『人』は価値を生み出す源泉です。

結局は『物・金・情報』は『人』によって利用され、価値を生み出すのに対し『人』は価値を生み出す

図4　経営の四要素とその関係

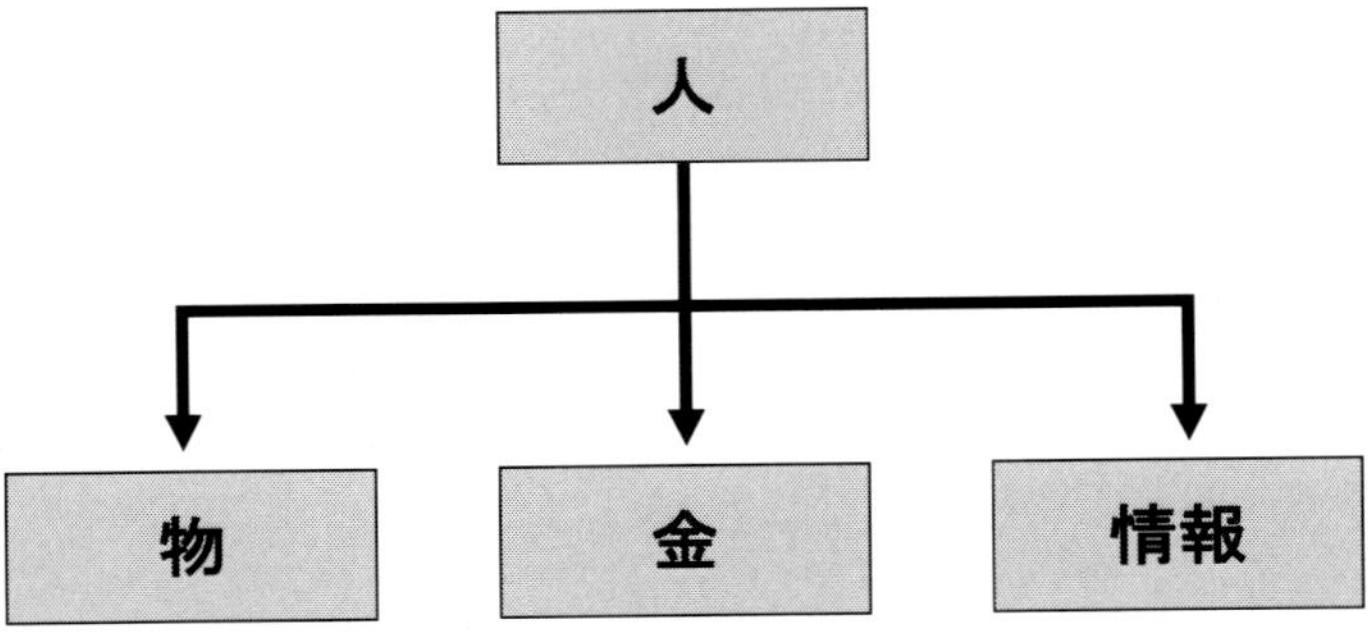

行動を自ら創出します。そう、四要素には実は階層があり『人』の下の階層に『物・金・情報』がぶら下がる構造なのです。

つまり『人』を活かせる企業が残りの三要素を効果的に活用して、企業の目的を果たしていくことができるのです。

四要素を同格として考えてしまうと、無意識のうちに『人』をコストとして考えてしまいがちになります。ですが、本当は『人』はコストではなく、資産であるということを忘れてはいけません。この資産を増やして活用することこそ、企業が成長していくための源泉なのです。

では、この資産を効率的に増やしていくためにはどのようなことが必要なのでしょうか。

それには二つの要素が大切です。

一つ目は、従業員の教育です。小泉政権下で再び脚光を浴びた言葉の一つに『米百俵の精神』というものがありました。

幕末、長岡藩（現在の新潟県）は戊辰戦争で敗れて焼け野原になった上に、領地の70％近くを減知されて、人々の生活はその日の食事にも事欠くくらい切迫していました。この状況を見かねた支藩である三根山藩（現在の新潟県）は、長岡藩に百俵の米を贈りました。

長岡藩の人々は「この米があれば一息つける」と皆に配られることを望んでいましたが、大参事の小林虎三郎は

「百俵の米も、食えばたちまちなくなってしまう、国が興るのも、街が栄えるのも衰えるのもすべては人にある。この百俵は学校に充てたいのだ。教育に充てれば、この百俵はいずれ一万俵・百万俵いや、それ以上になる」

と言って譲らず、この百俵は既に設立されていた国漢学校での教育資金として投入されました。

そして後年、この学校から、山本五十六や小野塚喜平次など、一角の人物が輩出されていきました。

これは教育の重要性を顕著にとらえた事例です。従業員の教育も同じことです。いかに教育が重要なのか、その教育によっていかに多くの優秀な人材を育てられるか、その数がそのまま『物・金・情報』を効果的に使いこなす乗数となり、企業の成長を促すのです。

二つめは、従業員が辞めない環境を作ることです。一つ目の対策が人材の創出であるのに対し、こちら

は流出の防止です。

せっかく人材を創出しても、簡単に流出してしまっては、いくら教育してもきりがありません。

これでは中々成長することはできません。

大切なことは、従業員が「この会社にずっと居たい」と思う会社であることです。

本書ではこれまで、従業員が自社のために自ら動こうと考えるための、トップの心構えやマネジメントの考え方について触れてきました。トップの姿勢や人に対するマネジメントの適切さが、人の心を動かします。特にトップが、株主や顧客だけを大切にするのではなく「従業員のことを何よりも大切にしている」という姿勢があるのであれば、従業員もそれに応えようとするでしょう。トップが自分たち従業員のことを思ってくれている会社を、よほどのことが無い限り辞めようとはしないはずです。

実は、従業員を大切にすることは、経営の四要素のうち最も重要な『人』を最大限に確保することができる方法なのです。

人材の確保が可能となると、次はどうしたら活用できるのでしょうか。

これは、マネジメントの章でも述べていますが、部下を信じて任せることです。任されることで人はプレッシャーと同時にやりがいを感じます。

この工程の積み重ねが、いずれ、従業員の『生きがい』になって行きます。自社の仕事に生きがいを感じている従業員たち。彼らは誰から言われるでもなく自ら考え行動します。そして、周りの人も引き上げ

図５　活きた企業の人材活用

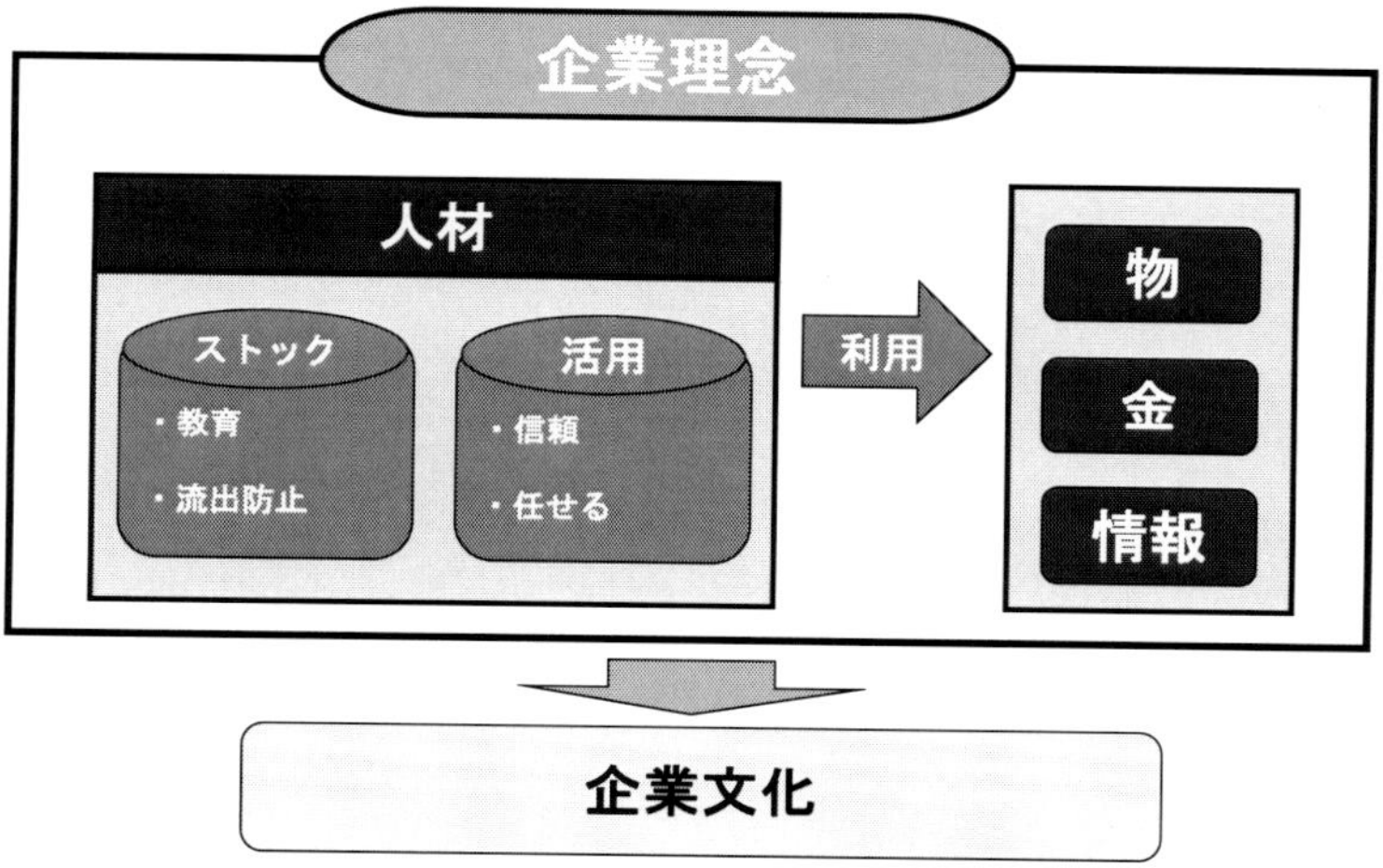

ていきます。いつしか、組織は自ら考える組織へと変化していきます。これは強い組織を作る大きな助けになるはずです。

ここまで述べてきた「従業員教育」「従業員が辞めない環境」「従業員を信じて任せる」を行うことができたならば、従業員が会社に対して抱く信頼は極めて大きなものになっています。こうして企業理念の実現に向かって、残りの三要素『物・金・情報』を投入し活動を行うことで、やがて新たな企業文化が花開いていくのです。

従業員自身が、仕事が生きがいになっていれば、顧客に対しても気持ちのこもった対応ができることでしょう。

この接客を受けた顧客は、きっとお得意様になっていただけます。また、友人に紹介していただけるかもしれません。やがて、会社の業績は上がっていき、結局は株主の元へも還元されていくのです。

第1章で「管理職や従業員が、経営者の立場に立って考えることは難しい」と述べました。しかし、企業文化がこのように良好な信頼関係を元に醸成されている時、実は、従業員はそれぞれの立場で、まるで経営者のような視点に立って業務を行なうのです。会社のために、臨機応変な対応を進んで考えます。会社に何かアクシデントが起こったとき、自身が経営者のように会社のことを救おうとします。仮に全社的な戦略が失敗しても、会社のために何とかしようと現場で何とか踏ん張ります。

トップは、会社の繁栄、安泰を願うのであれば、従業員が経営者の視点を持つことを望むのではなく、従業員に対して、まっすぐな姿勢を見せ、愛情を注いで信じること。そして、自身は社会や会社に対してまっすぐな姿勢であろうとすること。それこそが、活きた組織を作る原点なのです。

最後に、名君と言われた唐の二代目皇帝、太宗の言葉を紹介します。

「天下の安泰を願うのならば、先ず自らの姿勢を正すことが必要である。いまだかつて、体がまっすぐ立っているのに、その影が曲がっていたり、君主が筋道を立てて政治をしているのに国民がいい加減であったという話は聞いたことがない」

-貞観政要-

【第7章まとめ】

企業と人に関する概論

1. 組織の継続に必要な基本要素は、共通目的・貢献意欲・コミュニケーション・評価である
2. 外部環境の変化に対応するために、時に本来の目的に立ち返って考える
3. 大きな問題を未然に防ぐため、小さな問題を見過ごしてはいけない
4. 企業は、従業員教育を熱心に行い、その後は愛情を注いで信じること

【参考資料】

1．守屋洋著『男の器量　男の値打ち』株式会社ＰＨＰ研究所　２００３年８月１８日　第１版第１刷
2．横山光輝著『史記３』株式会社小学館　２００６年８月１日　第１５刷
3．横山光輝著『史記８』株式会社小学館　２００６年１２月１日　第１３刷
4．童門冬二著『将の器　参謀の器』株式会社青春出版社　２００４年４月１日　第３刷
5．桑原晃弥著『必ず結果を出す！　サッカー名監督のすごい言葉』
株式会社ＰＨＰ研究所　２０１４年８月１３日　第１版第２刷
6．鈴木博毅著『「超」入門失敗の本質』ダイヤモンド社２０１２年８月２３日　第7刷
6．斎藤隆介著『斎藤隆介童話集』株式会社角川春樹事務所　２００６年１１月１８日　第一刷
6．ＮＨＫ　Ｅテレ『知恵泉』２０１６年5月３１日放送
7．テレビ東京『カンブリア宮殿』２０１４年８月２８日放送
8．公益社団法人　日本バリューエンジニアリング協会ＨＰ『https://www.sjve.org/』

おわりに

「会社はだれのものか」これは永遠の課題です。私が若い頃、当時の上司は「会社は株主の物、ほかの誰の物でもない。何を言っているんだ」と、日頃話していたことを思い出します。

それは、正解の一つなのかもしれません。しかし、皆さんも感じられていられる通り、これに確かな答えを求めることは非常に難しいことです。しかし、たとえ誰の物であるにせよ、従業員が生き生きとして働き、会社のことを自分のことのように考えて行動する『活きた企業』を否定する人はいないはずです。

活きた企業では従業員同士は議論し、提案しボトムアップが機能しやすくなっています。また、上司が「この人ならば大事を託せる」と考えている部下と、グループのメンバーが「この人ならば」と、思っている人の乖離も少なくなっています。

皆さん、読み終えられて「これでは従業員を甘やかしすぎなのではないか」と、感じられた方もおられることと思います。

そう、私たちが忘れてはいけないことはバランスです。厳しさと、優しさのバランスをとっていくこと。そこに甘えではなく、やりがいのある組織ができ上がっていくのです。

私たちは、意識せずに日々を過ごしていると、トップダウンの命令や、硬直した指示を繰り返してしまいがちです。どうしても「しょうがない」という言葉の下、相手の立場になって考えることを忘れる、あるいは避けてしまうことが多くなっていきます。そこからは「活きた・・・」は生まれてはきません。

よく知識人や起業家の方々が「経営書を読むよりも歴史の本を読むべきだ」と話されていることを耳にしたことがあると思います。私も同じ見解を持っており、皆さんに再び歴史を学ぶことを勧めています。それは、歴史の中にこそ「人を活かすマネジメント」のヒントが多く存在しているからです。

歴史の本を読む際には、ご自身を登場人物の誰かに置き換えて「自分だったらどう考えるか」また、現在自分が置かれている状況に本の状況を当てはめてみて「今の自分がどう考えて動いたら良いか」を考えながら読むことが重要です。

歴史的に起こった事実そのものを覚えることや、年号を気にする必要はありません。むしろ、登場人物の背景が与える心理状況や物の考え方を学ぶことが大切です。こういった訓練をすることで、相手の立場に立ったものの考え方が養われていくのです。

さて、本書に書かれている内容を日常の中ですべて実施することは難しいことだと思います。先ずは、ご自身が「ここが重要だ」「ここが自分に足りない」と感じたところにフォーカスして取り組まれるとよいと思います。そして、次に進みたいと思われた時にまた、本書に立ち戻って読み返していただけると、お役に立てると思います。

最後に、ここまでお読みいただきました皆様に感謝申し上げ、筆を置かせていただきます。

著者紹介

高坂 亮伍（たかさか　りょうご）

中小企業診断士

一部上場企業にて20年以上に亘り営業部門、開発部門、経営企画部門など様々な分野においてプロジェクトに携わった後、独立。
現在は、中小企業診断士として主に企業の新規事業開発や創業の支援を行っている。

人を活かすマネジメント —戦略・戦術を考える前に—

2017年 4月 27日　　初版発行

著　者　高坂 亮伍
監　修　稲垣 太一

定価（本体価格1,700円+税）

発行所　株 式 会 社　　三 恵 社
〒462-0056 愛知県名古屋市北区中丸町2-24-1
TEL 052(915)5211
FAX 052(915)5019
URL http://www.sankeisha.com

乱丁・落丁の場合はお取替えいたします。

ISBN978-4-86487-667-4 C1034 ¥1700E